INHALT

W0087895

Vorwort

Die Intention hinter diesem Buch

ch bin nicht gut genug",
„Das schaffe ich nie",
...„andere Menschen kann ich problemlos annehmen wie sie sind, mich selbst aber nicht".

Plagen Sie auch des Öfteren solche Gedanken? Damit sind Sie nicht allein! Viele Menschen haben Probleme damit, sich selbst bedingungslos zu lieben. Auch ich hatte vor allem in meinen Jugendjahren Probleme damit, mich selbst mit all meinen kleinen Macken und Fehlern anzunehmen.

Da es mir gelang
– mithilfe einer liebevollen Familie und toller Freunde – mein Selbstwertgefühl nach und nach zu stärken und mich selbst mehr zu lieben,
möchte ich diesen Erfahrungsschatz nun mit anderen teilen, denen es vielleicht genauso oder ähnlich geht wie mir damals.

Vor allem meine Eltern haben mir zur Seite gestanden und mit ihrer bedingungslosen Liebe dazu beigetragen, dass ich gelernt habe, mich zu lieben und übertriebene Ansprüche an mich selbst herunter zu schrauben. Ich stand unter hohem Leistungsdruck, den ich mir hauptsächlich selbst machte, vor allem in der Schule und während meines ersten Studiums zur Gesundheitstrainerin. Hinzu kamen die Ideale der Gesellschaft, wie zum Beispiel perfekt auszusehen, stets zu funktionieren und immer stark zu sein, denen ich unbedingt entsprechen wollte. Heute führe ich zum Glück eine gesunde Beziehung mit mir selbst, geprägt von einem positiven Selbstbild. So sehe ich mich imstande, anderen zu vermitteln, ihren eigenen Wert (wieder) zu er-kennen. Die simplen und leicht umsetzbaren Strategien dazu habe ich in diesem Buch für Sie zusammengefasst.

Ich hoffe sehr, dass Sie dieses Buch dabei unterstützen wird, sich selbst mehr zu lieben und falsche Erwartungen oder zu hohe Ansprüche an sich abzulegen. Für Sie wünsche ich mir, dass Ihnen bewusst wird, dass Sie gut sind genau so wie Sie sind! Und dass sich diese innere Überzeugung in einem neuen Selbstwert zeigen wird. Lieben Sie sich selbst so, wie Sie von anderen geliebt werden wollen. Bedingungslos, echt und zu 100%. Wenn Sie das tun, sind Sie der glücklichste Mensch auf Erden, der ein Fundament hat, auf das er bauen kann und das niemals bricht.

Alexandra Muth

Einleitung

Du selbst, genauso wie jeder andere im
ganzen Universum, verdienst deine
Liebe und Zuneigung.

Buddha

Hallo an den wunderbaren Menschen, der gerade dieses Buch in den Händen hält. Ja genau, Sie sind gemeint. Sie glauben vielleicht (noch) nicht daran, doch jeder Mensch ist etwas Besonderes und mit Hilfe dieses Buches werden Sie herausfinden, dass auch Sie es sind.

Leistung wurde lange Zeit höhergestellt als individuelle Bedürfnisse. Das ständige Wachstum der Wirtschaft erforderte immer mehr Arbeitskraft und fordert jetzt ihre Opfer in Form von Krankheit.

Psychische Krankheiten, Rückenleiden und weitere. Fast jeder dritte Krankheitstag lässt sich heute auf psychische Erkrankungen zurückführen. Dabei sind Frauen häufiger betroffen als Männer (vgl. Weck, 2019).

Doch in den letzten Jahren lässt sich ein Rückgang der psychischen Krankheiten feststellen. Das mag zum einen daran liegen, dass Erkrankungen wie Burnout oder Depressionen langsam kein Tabu-Thema mehr sind. Zudem scheinen die Menschen motivierter, auf sich selbst zu achten. Der Fokus wird zunehmend auf das Wohlbefinden gelenkt, anstatt sich in einem 9-to-5-Job ausbeuten zu lassen. Eine ausgewogene Work-Life-Balance wird immer wichtiger. Begriffe wie Selbstliebe, Achtsamkeit und Meditation gewinnen immer mehr an Bedeutung.

Sie halten nun also auch dieses Buch in den Händen, weil Sie sich dafür entschieden haben, an sich zu arbeiten. Das ist wundervoll. Die Menschen streben von Natur aus stets dazu, sich neu zu erfinden und sich ständig weiterzuentwickeln. Es sichert unser Überleben.

Erfahren Sie also hier, warum ein gesundes Selbstwertgefühl Sie erfolgreich macht und warum Selbstliebe nichts mit schlechtem Egoismus zu tun hat. Werden Sie eine bessere Version von sich selbst, auch wenn Sie so, wie Sie sind, bereits perfekt sind. Nutzen Sie dieses Buch, um eine Reise in Ihr Innerstes zu starten und sich selbst neu zu entdecken. Alles, was Sie dazu brauchen, ist längst in Ihnen. Sie müssen es nur entdecken.

Selbstliebe, Selbstakzeptanz, Selbstachtung

Selbstliebe klingt nach Egoismus und nach dem Griechen Narziss, der sich unsterblich in sich selbst verliebte und daran zugrunde ging. Mittlerweile wird Selbstliebe als Teil der Persönlichkeitsentwicklung praktiziert. Nach und nach beschließen wir, mit uns selbst liebevoller umzugehen. Wir beginnen, auf unsere Bedürfnisse zu achten, darauf was gut für uns ist und was nicht. Wir übernehmen die Verantwortung für das eigene Handeln und die eigene Zufriedenheit. Wir arbeiten an unserem Selbstwertgefühl und damit an unserer Selbstachtung. Wir wissen mittlerweile immer besser, dass unser Wert nicht an unseren beruflichen Leistungen gemessen wird, sondern dass wir uns selbst als wertvoll erachten müssen.

Wenn wir uns selbst achten, bringen wir Respekt und Verständnis für die eigene Person auf. Wir sind in der Lage, mit Kritik gelassener umzugehen. Fehltritte unsererseits wiegen nicht mehr so schwer, wir sehen darin eine Chance zu wachsen. Wir legen den Perfektionismus ab und gehen auch verständnisvoller mit den Menschen um uns herum um. Wir können dankbarer sein für die kleinen Dinge im Leben und regen uns weniger über die Unzulänglichkeiten der anderen auf. Wir sind im Allgemeinen zufriedener. Wir akzeptieren unsere Fehler und nehmen sie als ein Geschenk an. Wir akzeptieren unsere Stärken und Schwächen und unser Aussehen. Dabei reden wir keineswegs etwas schön, sondern nehmen alles an, wie es ist. Anerkennung von außen nimmt keinen großen Platz mehr in unserem Leben ein. Wir entwickeln ein positives Selbstwertgefühl und sind mit uns selbst im Reinen. Wir kennen unseren Wert und sind weniger neidisch auf andere.

Wenn wir uns also im Folgenden mit Selbstliebe, Selbstachtung und Selbstakzeptanz auseinandersetzen, dann können wir nur gewinnen. Wir entdecken unsere tiefen Bedürfnisse und sind in der Lage, schwierige Situationen zu meistern. An der ein oder anderen Stelle wird es nicht leicht werden. Aber auch Sie haben es verdient, glücklich zu sein.

Im nächsten Kapitel werden wir herausfinden, wie es um Ihre Liebe zu sich selbst, Ihren Selbstwert und Ihre Selbstachtung steht.

Selbst-Test

Um herauszufinden, wie sehr Sie sich selbst achten und respektieren, folgen nun drei Selbsttests.

Es ist dabei wichtig, dass Sie vollkommen ehrlich zu sich selbst sind. Niemand wird Ihre Ergebnisse sehen und sie sind nur dazu da, damit Sie einen Überblick über sich selbst bekommen.

Sie lesen im Folgenden nun verschiedene Aussagen. Bitte denken Sie nicht zu lange über ein Richtig oder Falsch nach, denn das gibt es bei den Tests nicht. Antworten Sie spontan und aus dem Bauch heraus.

Dabei stimmen Sie den getätigten Aussagen vollkommen zu (10) oder Sie lehnen die Aussagen absolut ab (1).

Am Ende zählen Sie die angekreuzten Punkte zusammen und finden dann Ihre Auswertung.

Sie werden bei manchen Aussagen vielleicht ein schlechtes Gefühl oder Unwohlsein verspüren. Diese Aussagen sollten Sie sich für später markieren. So können Sie später besser an der Ursache dieses Gefühls arbeiten.

Diese Tests sollten Sie nach einem halben Jahr mit einer anderen Farbe wiederholen. Sie werden überrascht sein, wie Ihnen kleine Übungen im Alltag helfen werden.

Aber jetzt starten wir erstmal, um Ihren aktuellen Stand zu ermitteln.

LIEBEN SIE SICH?

1) Ich fühle mich wohl in meinem Körper.

| | | | | | | | | |
| 1 | 2 | 3 | 4 | 5 | 6 | 7 | 8 | 9 | 10 |

Stimme nicht zu   Stimme vollkommen zu

2) Wenn ich in den Spiegel blicke, sehe ich nichts, das ich sofort ändern würde.

| | | | | | | | | |
| 1 | 2 | 3 | 4 | 5 | 6 | 7 | 8 | 9 | 10 |

Stimme nicht zu   Stimme vollkommen zu

3) Ich halte mich für einen wertvollen Menschen.

| | | | | | | | | |
| 1 | 2 | 3 | 4 | 5 | 6 | 7 | 8 | 9 | 10 |

Stimme nicht zu   Stimme vollkommen zu

4) Ich bin dankbar für mein Leben.

| | | | | | | | | |
| 1 | 2 | 3 | 4 | 5 | 6 | 7 | 8 | 9 | 10 |

Stimme nicht zu   Stimme vollkommen zu

5) Ich habe eine positive Einstellung mir selbst gegenüber.

| | | | | | | | | |
| 1 | 2 | 3 | 4 | 5 | 6 | 7 | 8 | 9 | 10 |

Stimme nicht zu   Stimme vollkommen zu

6) Ich bin ein zufriedener Mensch.

1	2	3	4	5	6	7	8	9	10

Stimme nicht zu   Stimme vollkommen zu

7) Ich lasse mich von anderen nicht schlecht behandeln.

1	2	3	4	5	6	7	8	9	10

Stimme nicht zu   Stimme vollkommen zu

8) Ich behandele andere so, wie ich selbst gern behandelt werden möchte.

1	2	3	4	5	6	7	8	9	10

Stimme nicht zu   Stimme vollkommen zu

9) Ich halte mich für einen liebenswerten Menschen.

1	2	3	4	5	6	7	8	9	10

Stimme nicht zu   Stimme vollkommen zu

10) Fehler kann ich mir schnell verzeihen.

1	2	3	4	5	6	7	8	9	10

Stimme nicht zu   Stimme vollkommen zu

Auswertung:

Bis 50 Punkte – Sie haben große Gefühle, aber Sie sorgen sich nicht um sich selbst. Sie halten sich für nicht wertvoll genug, dass Sie selbst Ihre Liebe verdient hätten. Ihre Ansprüche an sich selbst sind so hoch, dass Sie ihnen nicht gerecht werden können.

Ab 50 Punkte – Sie haben eine grundsätzlich positive Einstellung zu sich selbst. Sie gehen liebevoll mit sich selbst und anderen Menschen um und wissen, dass Sie eine liebenswerte Person sind.

ACHTEN SIE SICH SELBST?

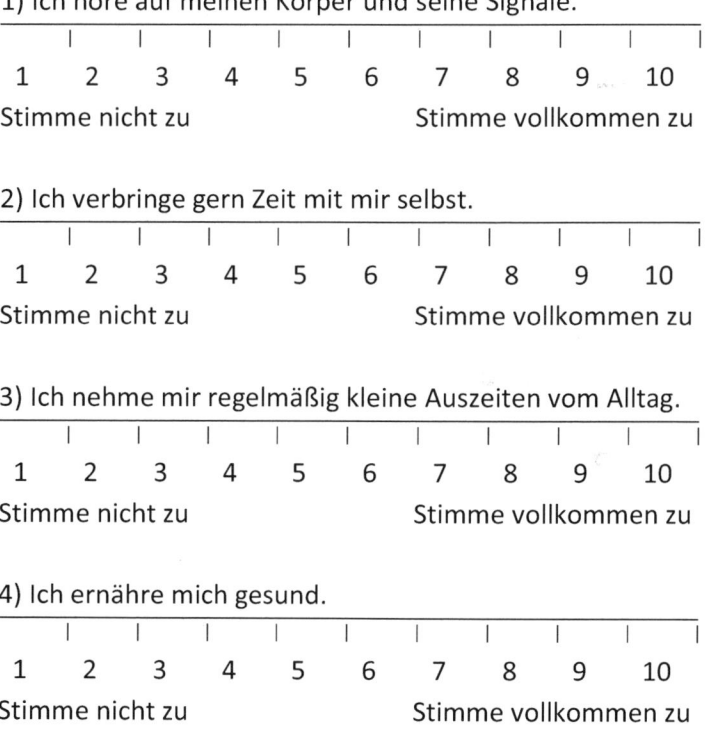

1) Ich höre auf meinen Körper und seine Signale.

| 1 | 2 | 3 | 4 | 5 | 6 | 7 | 8 | 9 | 10 |

Stimme nicht zu   Stimme vollkommen zu

2) Ich verbringe gern Zeit mit mir selbst.

| 1 | 2 | 3 | 4 | 5 | 6 | 7 | 8 | 9 | 10 |

Stimme nicht zu   Stimme vollkommen zu

3) Ich nehme mir regelmäßig kleine Auszeiten vom Alltag.

| 1 | 2 | 3 | 4 | 5 | 6 | 7 | 8 | 9 | 10 |

Stimme nicht zu   Stimme vollkommen zu

4) Ich ernähre mich gesund.

| 1 | 2 | 3 | 4 | 5 | 6 | 7 | 8 | 9 | 10 |

Stimme nicht zu   Stimme vollkommen zu

5) Ich bewege mich regelmäßig.

| 1 | 2 | 3 | 4 | 5 | 6 | 7 | 8 | 9 | 10 |

Stimme nicht zu   Stimme vollkommen zu

6) Ich versuche nicht, jedem alles recht zu machen.

| 1 | 2 | 3 | 4 | 5 | 6 | 7 | 8 | 9 | 10 |

Stimme nicht zu   Stimme vollkommen zu

7) Ich setze Grenzen und lasse mir nicht alles gefallen.

| 1 | 2 | 3 | 4 | 5 | 6 | 7 | 8 | 9 | 10 |

Stimme nicht zu   Stimme vollkommen zu

8) Wenn ich etwas nicht tun möchte, dann mache ich es auch nicht.

| 1 | 2 | 3 | 4 | 5 | 6 | 7 | 8 | 9 | 10 |

Stimme nicht zu   Stimme vollkommen zu

9) Es gibt viel in meinem Leben, auf das ich stolz bin.

| 1 | 2 | 3 | 4 | 5 | 6 | 7 | 8 | 9 | 10 |

Stimme nicht zu   Stimme vollkommen zu

10) Mir fällt es leicht, nein zu sagen.

| 1 | 2 | 3 | 4 | 5 | 6 | 7 | 8 | 9 | 10 |

Stimme nicht zu   Stimme vollkommen zu

<u>Auswertung:</u>

Bis 50 Punkte – Ihre Selbstachtung verhält sich eher gering. Sie respektieren sich selbst nicht. Sie achten nicht auf sich und geben sich völlig auf, wenn äußere Umstände das von Ihnen verlangen.

Ab 50 Punkte – Sie empfinden Achtung und Respekt für sich selbst. Auch wenn Sie in manchen Punkten Schwierigkeiten haben, passen Sie dennoch auf sich auf.

WIE STARK IST IHR SELBSTWERTGEFÜHL?

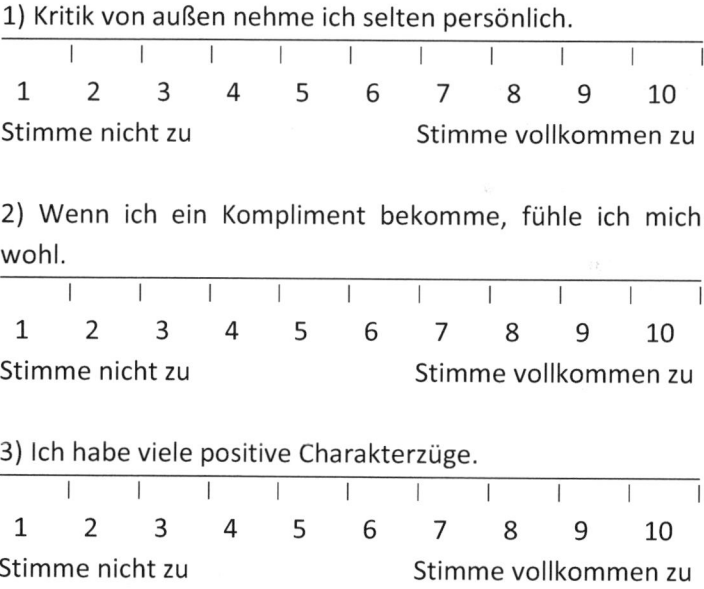

1) Kritik von außen nehme ich selten persönlich.

| 1 | 2 | 3 | 4 | 5 | 6 | 7 | 8 | 9 | 10 |
Stimme nicht zu · Stimme vollkommen zu

2) Wenn ich ein Kompliment bekomme, fühle ich mich wohl.

| 1 | 2 | 3 | 4 | 5 | 6 | 7 | 8 | 9 | 10 |
Stimme nicht zu · Stimme vollkommen zu

3) Ich habe viele positive Charakterzüge.

| 1 | 2 | 3 | 4 | 5 | 6 | 7 | 8 | 9 | 10 |
Stimme nicht zu · Stimme vollkommen zu

4) Ich kann gut Komplimente geben.

1	2	3	4	5	6	7	8	9	10

Stimme nicht zu   Stimme vollkommen zu

5) Ich habe ein soziales Umfeld, in dem ich mich wohl fühle.

1	2	3	4	5	6	7	8	9	10

Stimme nicht zu   Stimme vollkommen zu

6) Mir ist es gleich, was andere von mir denken.

1	2	3	4	5	6	7	8	9	10

Stimme nicht zu   Stimme vollkommen zu

7) In einem Restaurant kann ich eine falsche Bestellung problemlos zurückgehen lassen.

1	2	3	4	5	6	7	8	9	10

Stimme nicht zu   Stimme vollkommen zu

8) Neuen Herausforderungen sehe ich positiv entgegen.

1	2	3	4	5	6	7	8	9	10

Stimme nicht zu   Stimme vollkommen zu

9) Ich vertraue auf meine Kenntnisse und Fähigkeiten.

1	2	3	4	5	6	7	8	9	10

Stimme nicht zu   Stimme vollkommen zu

10) Meine Werte, mein Denken und mein Handeln sind im Einklang.

1	2	3	4	5	6	7	8	9	10

Stimme nicht zu   Stimme vollkommen zu

Auswertung:

Bis 50 Punkte - Ihr Selbstwertgefühl ist im Keller. Sie vertrauen nicht auf Ihre Fähigkeiten und nehmen sich selbst nicht ernst. Sie steuern planlos durch das Leben und lassen sich von jedem Schicksalsschlag entmutigen.

Ab 50 Punkten – Ihr Selbstwertgefühl ist ausgeprägt. Sie wissen, was Sie wollen und setzen sich in schwierigen Situationen durch. Sie haben ein relativ starkes Selbstbewusstsein und bleiben sich selbst treu.

Der Faktor Erziehung und Familie für Ihre Selbstliebe

S obald wir auf die Welt kommen, treten wir in Kontakt mit unseren Eltern. Mit der ersten Minute unseres Lebens beginnen die Prägung unseres Charakters und die Definition unseres Selbstwertes.

Diese ersten Erfahrungen werden durch die Menschen in unserer Umgebung geprägt. Das sind unsere Eltern, Geschwister, Lehrer, Tanten, Onkel und Großeltern. Hauptsächlich sind es aber die Eltern, die uns auf einen Weg führen, den wir meistens erst als Erwachsene als solchen erkennen.

Von der ersten Sekunde unseres Lebens sind wir von unseren Eltern abhängig. Wir können nicht für uns selbst sorgen und können uns unser Zuhause nicht aussuchen. Wir sind darauf angewiesen, dass unser Vater und unsere Mutter unsere Bedürfnisse erkennen und angemessen auf sie eingehen. Unser schwaches Selbstwertgefühl ist ein Zeuge für die mangelnde Versorgung der Wünsche in den ersten Lebensjahren. An diese Prägungen können wir uns später als Erwachsene nicht mehr erinnern. Wir nehmen diese nur noch als sogenannte Glaubenssätze wahr, die uns irgendwann einmal mit auf den Weg gegeben wurden.

Das Bedürfnis nach einer stabilen Umgebung beeinflusst unsere Gesundheit. Unsere Fähigkeit, Beziehungen einzugehen und unsere Resilienz, also die Fähigkeit, mit Stress umzugehen, sind ebenfalls betroffen. In einem Zuhause, das Kindern Geborgenheit, Zuneigung und Fürsorge gibt, kann sich das Selbstwertgefühl entfalten. Kinder in einem solchen Zuhause fühlen sich willkommen und geborgen.

Ablehnung und Unsicherheit hingegen wirken sich negativ aus. Kinder idealisieren ihre Eltern und halten sie deswegen für perfekt. Wenn Vater und/oder Mutter schreien oder sogar handgreiflich werden, bezieht das Kind es nicht auf die Eltern, sondern fühlt sich selbst für das Fehlverhalten verantwortlich. Die Folgen sind negative Überzeugungen wie „Ich bin nicht willkommen", „Ich bin eine Last", „Ich werde nicht geliebt".

Das Selbstwertgefühl leidet, wenn der Wunsch nach Bindung unerfüllt bleibt. Es fällt diesen Kindern später schwer, Beziehungen einzugehen und sich auf andere Menschen einzulassen. Zu groß ist die Angst vor Nähe und davor, erneut enttäuscht zu werden.

Das Bedürfnis nach Anerkennung verliert sich auch im Erwachsenenalter nicht. Wir streben nach Erfolgen und damit auch immer nach der Anerkennung von außen. Das Elternhaus stellt in den ersten Lebensjahren einen sicheren Hafen dar, in dem sich Kinder entfalten können sollten. Sie erfahren Liebe, Zuwendung, Anerkennung und Vertrauen. Und das ohne Bedingungen. Müssen Kinder um Aufmerksamkeit kämpfen und haben sie das Gefühl, nur geliebt zu werden, wenn sie immer schön „brav" sind, dann lernen sie sich anzupassen. Sie denken, dass ihr Wert an Bedingungen geknüpft ist und können kein Urvertrauen entwickeln, das wichtig für das Selbstvertrauen und das Vertrauen in andere Menschen ist. Es entstehen bleibende Zweifel an den eigenen Fähigkeiten. Andere sind immer besser, klüger, schöner, zufriedener oder erfolgreicher als man selbst. Das Sehnen nach der Bestätigung von außen führt teilweise bis in die vollständige Selbstaufgabe.

Das Bedürfnis nach Autonomie ist einer der wichtigsten Wünsche von Heranwachsenden. Es stellt sicher, dass wir zu einem selbstständigen Menschen werden, der auf seine Fähigkeiten vertraut und einen eigenen Willen entwickelt. Diese Entwicklung kann durch Vernachlässigung und Missachtung, aber auch durch Überfürsorge und Kontrollzwang gestört werden. Kinder, die keine Aufmerksamkeit oder nur negative Aufmerksamkeit von ihren Eltern erhalten, passen sich an die Umstände an und halten sich sehr zurück, um den Eltern zu gefallen. Sie verstehen nicht, was sie falsch machen und versuchen alles, um es den Eltern in jedem Fall recht zu machen. Die eigenen Interessen werden dann zurückgestellt, um die Menschen in ihrem Umfeld vermeintlich zufriedenzustellen. Die Gefühle werden unterdrückt. Dieses Verhalten setzt sich bis ins Erwachsenenalter fort. Es fällt Kindern mit einem frustrierten Bedürfnis nach Autonomie schwer, das zu sagen, was sie denken. Die eigene Meinung wird als weniger wertvoll erachtet, ebenso wie der eigene Wert. Häufig folgen Depressionen aufgrund des schlechten Selbstwertgefühls. Sätze wie „Ich muss immer brav sein" oder „Ich darf meine Meinung nicht sagen" prägen das weitere Leben.

Ebenso schwer wiegt die Überfürsorge. Kinder, die nicht die Welt entdecken können, weil die Helikoptereltern sie ständig vor angeblichen Gefahren schützen wollen, entwickeln kein Vertrauen in die eigenen Fähigkeiten. Sie bleiben abhängig von der Meinung anderer und sind ständig auf Bestätigung von außen aus. Sie ordnen sich schnell unter und sind eher planlos, was die Erfüllung ihrer Lebensträume angeht.

Es zeigt sich deutlich, dass Fehler in der Erziehung gravierende Folgen für die Entwicklung des Selbstwertgefühls haben. Dennoch reicht es nicht, die Verantwortung für eine schlechte Kindheit oder einfach nur schlechte Erfahrungen in der Kindheit, die jeder von uns zwangsläufig gemacht hat, auf die Eltern zu schieben, die es hoffentlich nach ihrem besten Wissen und Gewissen versucht haben.

Zu sagen, dass eine schlechte Kindheit der Grund für unser Verhalten ist, wäre nur die halbe Wahrheit. Wir sind selbst dafür verantwortlich, wie wir unser Leben gestalten. Der Blick auf die Vergangenheit kann uns zeigen, woher wir bestimmte Glaubenssätze haben oder warum wir uns in gewissen Situationen immer auf die gleiche Weise verhalten. Doch dürfen wir nicht in der Vergangenheit steckenbleiben.

Schuldzuweisungen helfen ebenso wenig wie Verharmlosung.

Im weiteren Verlauf dieses Buches werden wir darauf eingehen, wie wir negative Glaubenssätze auflösen und wie wir die positiven Erfahrungen aus unserer Kindheit nutzen können. Denn wir haben die Verantwortung und damit auch die Macht, etwas zu ändern.

Es gibt leider extreme Beispiele, wie Kinder nicht aufwachsen sollten. Eltern, die ihre Kinder missbrauchen, misshandeln oder vernachlässigen, richten einen weit größeren Schaden an als nur ein geringes Selbstwertgefühl. Hier ist professionelle Hilfe meist die einzige Lösung.

Selbstliebe und Beziehungen

WAS IST EINE GESUNDE BEZIEHUNG?

„Und sie lebten glücklich bis an das Ende ihrer Tage" ist ein Ende, das wir uns nur in einem Märchen wünschen können. Wenn Prinz und Prinzessin einander wie durch ein Wunder gefunden haben und die Liebe bis zum Ende ihrer Tage anhält. Die Realität sieht da leider etwas anders aus. So wie bei allen Dingen im Leben fällt uns nichts, für das es sich zu leben lohnt, in den Schoß.

Wir müssen dafür arbeiten. Arbeit muss aber nicht zwangsläufig etwas Schlechtes sein. Arbeit darf auch Spaß machen und Arbeit kann etwas Schönes sein. Eine gesunde und erfüllte Beziehung ist das beste Beispiel für Arbeit, die Spaß macht. Doch worauf basiert eine gesunde Beziehung? Woran erkenne ich sie und wie erhalte ich sie?

Es gibt viele Irrtümer über gute Beziehungen. Einer davon hält sich hartnäckig. Es herrscht die Überzeugung, dass es in einer gesunden Partnerschaft keinen Streit gibt. Dabei muss es in einer gesunden Beziehung auch Meinungsverschiedenheiten und Streit geben. Das ist kein Zeichen einer sterbenden Liebe, sondern stärkt im besten Fall den Zusammenhalt. Ein Paar, welches keine Meinungsverschiedenheiten hat, ist nicht zwangsläufig ein glückliches. Denn es könnte bedeuten, dass Konflikte heruntergespielt werden oder dass einer der Partner die Beziehung aufgegeben hat. Ersteres ist nicht gesund und basiert nicht auf einer guten Kommunikation, die aber wichtig für eine funktionierende Beziehung ist. Wenn etwas stört, muss darüber in einer angebrachten Art und Weise gesprochen werden. Nur dann kann nach einer gemeinsamen Lösung gesucht und ein Kompromiss gefunden werden.

In einer gesunden Partnerschaft fühlen sich beide Partner geborgen. Es wird einander akzeptiert und geliebt, um der Person willen. Eine Liebe, die an Bedingungen geknüpft ist, ist auf Dauer nicht gesund und führt zu Problemen mit dem Selbstwert. „Mein Mann liebt mich nicht mehr, er kauft mir gar keine Blumen mehr" oder „Meine Frau liebt mich nicht, sie kauft mir ja nichts mehr" sprechen nicht für eine Beziehung ohne Bedingungen.

Ebenso wenig kann ein Partner unser fehlendes Selbstwertgefühl oder die fehlende Selbstliebe kompensieren. Das kann auch nicht erwartet werden, denn eine Partnerschaft kann nur funktionieren, wenn beide Partner Liebe geben können. Das Leben und das Lebensglück dürfen nicht von der Liebe des anderen abhängen. Sätze wie „Ich kann ohne dich nicht leben" und „Wenn du mich verlässt, hat mein Leben keinen Sinn mehr" grenzen schon an emotionale Erpressung und sind keine Basis für eine gesunde Partnerschaft. Die Verantwortung für das Leben liegt immer bei der eigenen Person.

Achtsamkeit ist auch in einer Partnerschaft wichtig. Die Achtsamkeit für sich selbst und die eigenen Bedürfnisse hat immer Priorität. Natürlich steht der Partner in schlechten Zeiten hinter einem und stellt auch mal die eigenen Wünsche hinten an. Aber das Leben sollte nicht auf die Wünsche des anderen ausgerichtet sein. Wenn ein Kompromiss gefunden wird, dann immer in dem Wissen, dass beide Partner gleichwertig sind und es sich immer um ein Prinzip des Gebens und Nehmens handelt.

In einer gesunden Partnerschaft bleibt die Individualität des Einzelnen erhalten. Man selbst und auch der Partner werden von außen als eigenständige Personen wahrgenommen und geachtet. Es ist nicht außergewöhnlich, auch mal ohne den Partner auf einer Party zu erscheinen, ohne dass man den Satz „Wo hast du denn deine bessere Hälfte gelassen" hören muss. Das ist auch förderlich für den Erhalt der Beziehung. Jeder für sich macht neue Erfahrungen, von denen berichtet werden kann. Natürlich sollten auch Unternehmungen als Paar angestrebt werden.

Gemeinsame Werte bilden die Grundlage einer Beziehung. Unsere tiefsten Überzeugungen bestimmen unsere Lebensziele, wie Sie später im Buch noch lesen werden. Die eigenen Prinzipien können sich in manchen Punkten unterscheiden, sollten aber nicht grundverschieden sein.

Bei verschiedenen Ansichten bezüglich der Lebensziele steckt ein Partner im schlimmsten Fall zurück und verrät seine Lebensträume und damit auch sich selbst. Nur mit gemeinsamen Werten sind eine gute Lebensplanung und die Entwicklung einer gesunden Beziehung möglich.

WIE FÜHRE ICH EINE POSITIVE BEZIEHUNG?

Eine Beziehung zu führen ist ein ganzes Stück Arbeit. Da wir uns ständig weiterentwickeln, entwickeln sich auch unsere Beziehungen immer weiter. Dabei ist es wichtig, wie auf diese Veränderungen reagiert wird. Die Reaktionen bestimmen die Dauer einer jeden Beziehung.

Die am schwierigsten zu pflegende Beziehung ist die zu unserem Lebensgefährten. Mit diesem einen Menschen verbringen wir den Großteil unserer Zeit. Dementsprechend häufiger kommt es zu Konflikten und Kommunikationsschwierigkeiten. Mit ein paar kleinen Tricks können diese aber gelöst und eine positive Beziehung gefördert werden.

Eine positive Beziehung besteht aber nicht aus Schönreden oder der Verleugnung von Problemen. Die richtige Art zu kommunizieren ist hierbei entscheidend.

Wir behandeln unseren Partner mit Respekt, lassen ihn oder sie ausreden und sind in Streitgesprächen zu Kompromissen bereit. Hier ist es wichtig, dass Streitgespräche niemals persönlich werden. Beleidigungen oder Vorwürfe bringen den Streit nicht voran, sondern verletzen lediglich. Es ist zwar nicht immer leicht, doch sollte darauf geachtet werden, dass eine Meinungsverschiedenheit möglichst sachlich verläuft und dass Kränkungen und Verletzungen (emotionaler und auf jeden Fall körperlicher Art) vermieden werden. Hier ist es hilfreich, bei sich und den eigenen Gefühlen zu bleiben. Schuldzuweisungen und „immer"-Sätze bringen die Beziehung nicht voran.

Wir verharren nicht auf eine feste Meinung, obwohl wir ganz genau wissen, dass wir im Unrecht sind. Wir kritisieren unseren Partner nicht um der Kritik wegen und nehmen Kritik an, ohne sie persönlich zu nehmen.

Wir sollten stets ein offenes Ohr für die Wünsche und Meinungen unseres Partners haben. Wir nehmen die Probleme des anderen ernst und bemühen uns darum, dass sich beide Partner in der Beziehung wohl fühlen. Andererseits erwarten wir auch nicht, dass unser Gegenüber unsere Gedanken lesen kann. Selbst nach Jahren kann Ihnen niemand hinter den Kopf schauen und der Versuch des Partners, Ihre Gedanken zu lesen und zu interpretieren, kann nur schief gehen. Der Partner wird versuchen, bloß alles recht zu machen, weil er oder sie genau weiß, wie sehr es Sie kränkt, sollte es mal daneben gehen. Das ist nicht besonders fair, denn bei diesem Spiel können beide Parteien nur verlieren. Vielleicht erwartet Ihr Partner auch ein solches Kunststück von Ihnen. Das ist ebenso wenig fair. Da hilft es nur, wenn offen und klar über die Wünsche gesprochen und sich für den anderen interessiert wird.

Kommunikation gehört zu den geheimen Stärken einer gesunden Partnerschaft. Die Fähigkeit, die eigenen Wünsche und Meinungen, aber auch Ärger, Ängste und Sorgen angemessen anzusprechen, ist besonders wertvoll und stärkt die Zusammengehörigkeit.

Gemeinsame Interessen sind ebenso wichtig wie Freiräume und eigene Hobbies. Es ist immer schön, Zeit mit dem Herzensmenschen zu verbringen. Wir begeben uns aber irgendwann in eine emotionale Abhängigkeit. Wir wissen nicht, welche Entscheidungen wir treffen sollen, weil wir die Meinung des anderen höherstellen als unsere eigene. Wir geraten in einen innerlichen Konflikt und entscheiden im schlimmsten Fall nicht zu unseren Gunsten.

Vielleicht ist es ein komisches Gefühl, ohne den Partner loszuziehen. Dann haben Sie eventuell bereits vergessen, wie es ist, mit sich allein und selbstständig zu sein. Das kann aber geübt werden und ist auch wertvoll zur Stärkung des Selbstvertrauens. Außerdem bringt es neuen Schwung in die Beziehung, denn Sie können von den neuen Erlebnissen berichten und Erfahrungen austauschen.

Das Akzeptieren des Partners mit seinen Stärken und Schwächen gehört ebenfalls zu einer positiven Beziehung. Wenn die erste Phase der Verliebtheit vorbei ist, bemerken wir schnell die kleinen und großen Macken, die uns die rosarote Brille vorher verheimlicht hat. Uns fällt jede Kleinigkeit auf, die uns am Partner stört. Die wichtige Frage ist nun, ob wir mit diesen Schwächen leben können. Können wir das nicht, dann sollten wir an dieser Stelle den weiteren, gemeinsamen Weg in Frage stellen. Dabei sollten Sie auch immer daran denken, dass niemand perfekt ist. Schlimmstenfalls versuchen Sie nun den Partner nach Ihren Vorstellungen zu formen. Doch niemand lässt sich gerne verändern und so führen diese Änderungsversuche nicht in eine glückliche Partnerschaft. Die Erwartung, dass der Partner so ist, wie wir ihn gern hätten, wird sich nicht erfüllen. Daher sollten Sie sich selbst und Ihrem Partner die Freiheit zugestehen, so zu sein, wie Sie eben sind.

Ein letzter Punkt ist die Aufmerksamkeit. Die Beziehung dauert schon einige Jahre und langsam schleicht sich Alltag in die Beziehung. Es warten eine Menge Verpflichtungen und Aufgaben, die erledigt werden wollen. Der Partner wird an die letzte Stelle der To-Do-Liste gestellt. Er oder sie ist ja immer noch da, sobald Sie mal Zeit haben. Richtig? Nein! Ihr Partner sollte einen Stellenwert in Ihrem Leben haben, den auch Sie gerne bei Ihrem Partner hätten. Zwischen Arbeit, Kindern und Arztterminen muss es noch Platz für Ihren Herzensmenschen geben. Dieser wird sich nicht für immer vertrösten lassen, denn dieser Mensch hat Ihre Aufmerksamkeit genauso verdient wie die anderen Punkte auf Ihrer Aufgabenliste. Nehmen Sie sich die Zeit und erkundigen Sie sich, wie es Ihrem Partner geht. Sie interessieren sich für die Sorgen und unterstützen mit einem guten Rat oder einfach nur einem Lächeln.

WIE LÖSE ICH MICH VON NEGATIVEN MUSTERN UND BEZIEHUNGEN?

Wir haben Beziehungen in vielen Bereichen unseres Lebens. Wir führen eine Beziehung mit unserem Partner im romantischen Sinne. Aber wir pflegen auch Beziehungen zu unseren Freunden, Arbeitskollegen, Eltern und Geschwistern und der Familie im Allgemeinen.

Diese Beziehungen sind in den meisten Fällen positiv und bereichern unser Leben. Sie geben uns ein gutes Selbstwertgefühl, weil wir ein positives soziales Umfeld pflegen.

Doch nicht immer sind diese Beziehungen positiv. Nicht selten kommt es vor, dass die Beziehung (gerade zu unseren Eltern) von negativen Gefühlen dominiert wird. Es ist wichtig, achtsam zu sein und genau zu hinterfragen, ob diese Beziehung guttut oder im Endeffekt zu einer Belastung geworden ist.

Gibt es Menschen in Ihrem Umfeld, in dessen Nähe Sie sich absolut unwohl fühlen, aber der Kontakt unvermeidlich ist? Häufig sind dies Familienmitglieder, die uns ein enges Gefühl in der Brust verschaffen und dafür sorgen, dass wir uns nach einem Besuch am liebsten eine Woche Urlaub und eine Delfintherapie gönnen möchten.

Machen Sie sich bewusst, mit welchen Menschen Sie gerne Zeit verbringen und welche Menschen vielleicht einfach nur Ihre Energie rauben. Im Zweifel entscheiden Sie sich für einen Weg, der für Sie der beste ist.

Eine besondere Schwere haben Beziehungen, die von emotionaler Erpressung geprägt sind. Wenn Partner sich gegenseitig unter Druck setzen, sich gegenseitig ihre Liebe ständig zu beweisen, dann ist schnell ein Punkt erreicht, an dem die Beziehung nicht mehr positiv ist.

Emotionale Erpressung schleicht sich in Beziehungen und arbeitet vor allem mit dem Gefühl der Schuld. Es ist zunächst wichtig, diese Art der Erpressung zu erkennen, um sich nicht vor lauter Schuldgefühlen selbst zu verlieren.

Mangelnde Kommunikation, die Verknüpfung von Liebe an Bedingungen oder sogar das Androhen von Selbstmord, um seinen Willen durchzusetzen, sind klare Anzeichen einer emotionalen Erpressung. Mit dem Verhalten wird versucht, Schuldgefühle zu erzeugen. Denn wer Schuldgefühle hat, lässt sich kontrollieren. Die Erzeugung von Schmerz und Manipulation der betreffenden Person lässt die eigenen Wünsche umso leichter durchsetzen.

Es ist nicht leicht, sich der emotionalen Erpressung zu entziehen, weil Zuneigung für die andere Person empfunden wird. Machen Sie sich deshalb bewusst, dass es keinen Grund für Schuldgefühle gibt. Sie sind nicht für das Glück der anderen Person verantwortlich. Diese Person hat sich dazu entschieden, die Verantwortung für das eigene Leben an Sie abzugeben. Sie haben also jetzt die Macht, diese Verantwortung abzulehnen. Tun Sie dies auch und weisen Sie die Person mit einem klaren „Nein" zurück. Ziehen Sie das Nein auf keinen Fall zurück, denn das gibt dem Erpresser die Macht über Sie zurück. Erklärungen sind ebenfalls nicht nötig. Sagen Sie klar, dass Sie sich nicht mehr unter Druck setzen lassen. Lassen Sie sich nicht zu Rechtfertigungen verleiten. Bauen Sie eine räumliche Distanz zu der betreffenden Person auf. Vermeiden Sie eine Zeit lang den Kontakt, um sich bewusst zu werden, wie diese Person mit Ihnen umgeht. Dann können Sie frei von Schuldgefühlen entscheiden, ob Sie sich dem weiter aussetzen oder einen Schlussstrich ziehen wollen.

Wenn unser Selbstwertgefühl nicht sehr ausgeprägt ist, reagieren wir umso empfindlicher auf die Manipulation. Daher ist es wichtig, sich selbst zu stärken, um sich aus diesen Situationen befreien zu können.

Doch manchmal können wir uns ohne Hilfe nicht von negativen Beziehungen lösen. Suchen Sie in einem solchen Fall immer Hilfe. Es ist keine Schande und es macht Sie nicht zu einem schlechteren Menschen, wenn Sie sich Hilfe suchen. Im Gegenteil, Sie beweisen damit eine unglaubliche Stärke. Denn Sie haben den Willen, für sich selbst einzustehen, und den Willen, ein glückliches Leben zu führen in einer Beziehung, die beiden Partnern Geborgenheit und Liebe schenkt.

Selbstliebe im beruflichen Alltag

Bei einem geringen Selbstwertgefühl fehlt oft der Respekt für die eigenen Grenzen. Körperliche und mentale Grenzen schützen jedoch Geist und Körper vor Überforderung. Werden diese nicht mehr wahrgenommen, entwickeln sich Krankheiten wie zum Beispiel Bluthochdruck oder Depressionen. Dies kann schließlich im sogenannten Burnout-Syndrom enden. Das „Ausgebrannt-

Sein" ist ein schleichender Prozess, der in einer Spirale immer weiter nach unten führt, je länger der eigene Zustand ignoriert wird. Ein selbstständiges Aussteigen aus diesem Prozess ist häufig ohne professionelle Hilfe nicht mehr möglich, da die eigenen Bedürfnisse nicht mehr wahrgenommen werden können.

Die Selbstaufgabe im Beruf resultiert aus Glaubenssätzen wie „Ohne mich läuft der Laden nicht" oder der Meinung, man sei unentbehrlich. Jeder neuen Aufgabe wird automatisch zugestimmt. Überstunden gehören zum Alltag und der längst überfällige Urlaub wird immer wieder aufgeschoben. Wenn Sie sich jetzt wiedererkennen, wird es Zeit, dass Sie aktiv etwas an diesem Zustand ändern.

NEIN SAGEN

„Nein" gehört nicht gerade zu den Wörtern, die häufig aus Ihrem Mund kommen?

Damit sind Sie nicht allein. Das Sagen des einfachen Wortes „nein" fällt besonders schwer, da wir das Gefühl haben, den Bittsteller im Stich zu lassen oder die Beziehung zu diesem zu gefährden. Obwohl Sie in Arbeit ersticken, stimmen Sie dennoch zu, um eine mögliche Belastung zu vermeiden.

Gerade wenn wir uns aufopferungsvoll jeder Aufgabe stellen, passiert es schnell, dass immer mehr Menschen Gefallen einfordern. Was also tun, um aus diesem endlosen Kreislauf auszubrechen?

Eine erste Hilfe wäre das Üben des Nein-Sagens. Wenn Sie lernen, „Nein" zu sagen, „Nein" zu Aufgaben, die nicht in Ihren Bereich fallen oder auch „Nein" zu Tätigkeiten, auf die Sie eigentlich verzichten wollen, dann machen Sie den ersten Schritt zu mehr Achtsamkeit für sich selbst und Ihre Bedürfnisse. Denn wenn Sie sich übernehmen und keine Aufgabe mehr richtig erledigen können, dann ist weder Ihnen noch Ihren Kollegen damit geholfen.

Wie sagen wir also nein?

Wir wollen die Beziehung zu unseren Arbeitskollegen nicht gefährden. Daher sind wir eher dazu geneigt, Aufgaben zu übernehmen, um bei Kollegen oder Vorgesetzten einen guten Eindruck zu hinterlassen. Aber wenn Sie bereits tief in Arbeit stecken, ist es weder für Sie noch für Ihre Kollegen besonders fair, wenn die angenommenen Aufgaben nicht erfüllt werden.

Sollte dem so sein, können Sie mit Ehrlichkeit punkten. Sagen Sie Ihrem Kollegen, Sie würden die Aufgabe gerne übernehmen, haben aber selbst so viel Arbeit, dass Sie nicht wissen, wo Sie anfangen sollen. Dies sollte dann natürlich auch der Wahrheit entsprechen. Vielleicht kennen Sie auch jemanden, der gerade nicht so viel zu tun hat. Dann verweisen Sie an diese Person. So helfen Sie sich selbst, indem Sie sich nicht überfordern und Sie helfen dem Bittsteller. Wichtig ist, dass Sie Ihre Absage begründen. Menschen neigen eher dazu, eine Absage anzunehmen, wenn es eine Begründung dafür gibt.

Eine andere Möglichkeit, das Nein-Sagen zu festigen, ist, dass Sie sich überlegen, welche Opfer Sie bringen, wenn Sie einem Projekt oder einer Aufgabe, die nicht in Ihrem Bereich liegen, zusagen.

Probieren Sie es aus und Sie werden feststellen, dass niemand Ihnen den Kopf abreißt, solange Sie ehrlich sind.

Denken Sie immer daran, wenn Sie „ja" zu etwas sagen, was Sie eigentlich nicht wollen, dass Sie dann automatisch „nein" zu sich selbst sagen!

HAMSTERRAD

Das liebe Hamsterrad. Sie kennen es, oder? Der Hamster läuft in seinem Rad - den ganzen Tag lang. Und das macht er keinesfalls, um fit zu bleiben, sondern der Hamster hat wirklich das Gefühl, vorwärts zu kommen. Das ist irgendwie traurig, finden Sie nicht?

Schauen Sie sich Ihre berufliche Situation einmal an. Sitzen Sie eventuell auch im Hamsterrad? Eine Reflektion der eigenen Situation kann häufig gut dafür sein, die Lebensziele zu reflektieren. Wofür gehen Sie jeden Tag zur Arbeit?

Vielleicht sagen Sie jetzt, um XY zu finanzieren. Häufig stellt XY das Auto, das neu gebaute Haus oder die neusten

Klamotten dar. Die Frage ist hierbei: Brauchen Sie das alles, um wirklich glücklich zu sein? Arbeiten Sie 50 oder sogar mehr Stunden in der Woche, nur um zweimal im Jahr Urlaub in Thailand machen zu können?

Vielleicht denken Sie ja auch, Sie arbeiten so viel, dann müssen Sie sich ja auch für die harte Arbeit belohnen.

Oder Sie sagen, Sie arbeiten jetzt so viel, damit Sie, wenn Sie dann in Rente sind, Ihr Leben endlich genießen können.

Doch warum müssen wir damit bis zur Rente warten? Was hält Sie davon ab, jetzt glücklich zu sein und jetzt all die Dinge zu tun, die Sie sich für die Rente aufsparen?

Es hat viel mit Selbstliebe und Achtsamkeit zu tun, wenn wir anfangen, darauf zu achten, wofür wir jeden Morgen aufstehen und zur Arbeit gehen. Wenn wir nur arbeiten, damit wir das Haus finanzieren können, obwohl es auch eine vergleichbare, günstigere Alternative gegeben hätte, dann befinden wir uns mitten im Hamsterrad. Wir haben keine andere Wahl, als morgens aufzustehen und den Weg zur Arbeit zu nehmen und nach unserer Arbeit in ein Haus oder eine Wohnung voller Konsumgüter zu kommen, die wir gar nicht richtig genießen können, weil wir ständig arbeiten müssen.

Wie breche ich aus dem Hamsterrad aus?

Das Hamsterrad gibt uns vermeintlich Sicherheit. Immerhin machen es alle so. Der Nachbar fährt zweimal im Jahr in den Urlaub in die Karibik, dann müssen Sie das natürlich auch. Oder sobald das Auto die ersten Gebrauchtspuren zeigt, muss es durch ein neues ersetzt werden. Doch es ist Ihre Entscheidung, wenn Sie über Ihre Verhältnisse leben. Führen Sie sich mit einem Haushaltsbuch vor Augen, wofür Sie Ihr Geld ausgeben. Überlegen Sie sich vor jeder neuen Anschaffung, ob Sie das wirklich glücklich machen wird oder ob Sie vielleicht versuchen, ein tiefsitzendes Bedürfnis zu kompensieren.

Machen Sie sich eine Muss-Ich-Unbedingt-Haben-Liste. Auf diese Liste schreiben Sie alles, worauf Sie nicht verzichten können. Das dürfen ruhig auch Luxusartikel sein. Aber seien Sie absolut ehrlich und bleiben Sie bei sich und Ihrer Persönlichkeit. Begründen Sie vor sich selbst, warum Sie die Dinge auf der Liste wirklich benötigen.

Den eigenen Körper lieben

In Befragungen wird immer wieder deutlich, dass die Mehrheit der Menschen nicht zufrieden mit ihrem Körper ist. Sie können sofort mindestens drei Dinge aufzählen, die sie an ihrem Körper nicht schön oder attraktiv finden. Geht es darum drei Dinge aufzuzählen, die sie schön an sich finden, dann fängt das Grübeln an.

Der kritische Blick führt unsere Aufmerksamkeit automatisch auf das Schlechte an uns. Dass es aber auch schöne Seiten an unserem Körper gibt, das nehmen besonders Frauen meistens nicht wahr.

Es ist bei der ständigen Informationsflut nicht leicht, unseren eigenen normalen Körper zu lieben. Dank der heute möglichen Bildbearbeitung zeigen uns Werbeplakate und Modelzeitschriften, wie wir auszusehen haben, um glücklich und erfolgreich zu sein. Dass diese Bilder nicht ansatzweise die Realität widerspiegeln, bemerken wir nicht mehr. Wir wollen schöner und schlanker sein. Solch volle Lippen wie die Dame aus der Eiswerbung hätten wir natürlich auch gerne. Tonnen von Makeup retuschieren jeden noch so kleinen Makel und so erschaffen die Medien einen Schönheitswahn, der alles ist, aber nicht echt und vor allem nicht gesund.

Beinahe jede Woche wird eine neue Diät entdeckt, die Wunder bewirken soll und immer wieder polarisieren verrückte Ernährungstrends eine ganze Gesellschaft. Was eine ausgewogene und gesunde Ernährung wirklich bedeutet, wird dabei scheinbar vollkommen vergessen.

Es ist also keine große Überraschung, dass wir mit dem Körper, der uns gegeben wurde, nicht zufrieden sind, ja beinahe nicht zufrieden sein können.

Eine ganze Bewegung setzt sich für ein positives Körpergefühl ein, um eine Instanz zum „Body-Shaming", das Schämen um den eigenen Körper, zu bilden. „Body-Positivity" heißt die Initiative und ermutigt jeden, seinen Körper anzunehmen – und zwar so wie er ist. Ein positives Körpergefühl zu erlangen ist bei jahrelanger Scham jedoch nicht gerade leicht.

Dazu machen Sie einmal eine kleine Übung. Wir machen den ersten Schritt zu einem positiven Körpergefühl.

Methode 1: Spiegelübung

Stellen Sie sich vor einen Spiegel, bei dem Sie sich vollständig betrachten können. Normalerweise fällt Ihr Blick sofort auf die Stellen, die Sie überhaupt nicht an sich mögen. Wir lenken den Blick jetzt aber auf die Dinge, die schön an

Ihnen sind. Was finden Sie schön an sich? Mögen Sie Ihre Haare oder Ihre Augen? Haben Sie wundervolle Lippen oder besonders lange Beine? Jeder Mensch hat etwas, das schön ist. Dabei geht es nicht darum, ob die Gesellschaft findet, dass es schön ist, sondern dass Sie ganz persönlich diese Dinge an sich schön finden. Wenn Ihnen absolut nichts einfällt, dann fragen Sie einmal Freunde oder die Familie, was Sie besonders schön an Ihnen finden. Sie werden sehen, da gibt es was!

Stellen Sie sich jeden Tag vor den Spiegel und sagen Sie sich, was Sie schön an sich finden. Mit der Zeit fällt Ihr Blick ganz automatisch darauf.

Schönheit ist bekanntlich subjektiv. Die Gesellschaft gibt viele Normen vor, die angeblich attraktiv sind. Aber diese Maßstäbe müssen nicht Ihre eigenen sein. Sie selbst setzen sich die Grenzen, was attraktiv ist und was nicht. Sich selbst annehmen, wie man ist, fällt besonders schwer, weil wir ständig Vergleiche ziehen. Meistens setzen wir uns dabei unerreichbaren Maßstäben aus, die wir gar nicht erfüllen können.

***Methode 2:* Beschränken Sie sich nicht auf Ihr Äußeres!**

Sie sind mehr als nur Ihr Äußeres. Ihr Charakter gehört genauso wie Ihr Körper zu Ihrem Gesamtbild. Wenn Sie mit Ihrem Äußeren nicht zufrieden sind, weil Sie vielleicht ein paar Kilos zu viel mit sich herumtragen, dann richten Sie einmal Ihren Blick in Ihr Innerstes. Was ist die Ursache für die Pfunde, die Sie angeblich zu viel haben? Und würden Sie Ihren Körper ebenfalls so ablehnen, wenn Ihre Figur der gesellschaftlichen Norm entsprechen würde?

Machen Sie sich immer wieder bewusst, dass Sie mehr sind als nur Ihr Körper. Stärken Sie Ihr Selbstwertgefühl mit den Übungen im Buch und Sie werden sehen, dass Sie sich bald wohler in Ihrer Haut fühlen werden.

Methode 3: Lächeln Sie sich schön!

Lächeln fördert ein positives Denken und hebt unsere Stimmung. Wenn wir gut gelaunt sind, fühlen wir uns wohler. Wir sehen nicht mehr die schlechten Seiten an uns, sondern betrachten uns selbst viel liebevoller. Positive Gefühle fördern unsere positive Ausstrahlung und machen uns von innen schön. Denken Sie einmal daran, wie Sie sich fühlen, wenn Sie sich mit gut gelaunten Menschen umgeben? Wir fühlen uns automatisch besser. Positive und gut gelaunte Menschen empfinden wir häufig als attraktiver und sympathischer als einen Miesmacher.

Methode 4: Das Selbstbewusstsein stärken

Es gibt nichts über ein starkes Selbstbewusstsein. Es verhilft uns, schwierige Situationen zu meistern und uns selbst Sicherheit zu geben. Mit einem starken Selbstbewusstsein empfinden wir Kritik als weniger persönlich und grübeln weniger darüber. Es macht uns glücklicher. Wenn das Selbstvertrauen gestärkt ist, nehmen wir Kommentare weniger ernst und stellen uns noch weniger deswegen in Frage. Wir bestimmen unsere Gefühle selbst und machen unser positives Körpergefühl weniger abhängig von äußeren Einflüssen.

Wie Sie das Selbstwertgefühl und das Selbstvertrauen stärken können, erfahren Sie in Kapitel 10.

Methode 5: **Holen Sie sich Unterstützung!**

Ein negatives Körpergefühl begleitet uns häufig über Jahre. Diese Gefühle der Minderwertigkeit beginnen meistens schon in der Pubertät, wenn wir anfangen uns mit dem eigenen Körper zu befassen. Die Pubertät ist geprägt von Selbstzweifeln und dem Infrage-Stellen der eigenen Attraktivität. Mit einem starken Selbstwertgefühl gelingt es, ein positives Bild von sich zu erhalten. Doch bei geringem Selbstwert empfinden wir alles an uns als unzulänglich und begeben uns damit in einen Teufelskreis. Unser Inneres und unser Äußeres werden unerfüllbaren Maßstäben ausgesetzt.

Wenn wir bereits in der Spirale gefangen sind, die uns permanent das Gefühl gibt, dass wir nicht gut genug sind, dann fällt das Ausbrechen umso schwerer. Das ist aus eigener Kraft meistens gar nicht mehr möglich. Manchmal brauchen wir deswegen Unterstützung. Suchen Sie sich Menschen, denen es ähnlich geht und unterstützen Sie sich gegenseitig. Helfen Sie einander dabei, sich so zu akzeptieren, wie Sie sind. Unterstützung können zum Beispiel gute Freunde oder die Familie bieten. Fragen Sie sie, was sie an Ihnen mögen. Schreiben Sie sich die gesagten Dinge auf und führen Sie sich immer vor Augen, was für ein wertvoller Mensch Sie sind und wie schön Sie sind.

Ein gesunder Selbst-
wert

Nach Potreck-Rose und Jacob baut ein gesundes Selbstwertgefühl auf **vier Säulen** auf. Diese sind die Selbstakzeptanz, das Selbstvertrauen, die soziale Kompetenz und das soziale Netzwerk. Sie bilden ein wichtiges Fundament. Herrscht ein Ungleichgewicht, so hat dies negative Auswirkungen auf das Selbstwertgefühl. Daher ist es wichtig zu wissen, worauf unser Selbstwert basiert, um aktiv daran arbeiten zu können. Auf Seite 9 können Sie ihr eigenes Fundament einmal überprüfen und herausfinden, an welchen Stellen es ggf. mangelt (vgl. Potreck-Rose u. a., 2005).

Die Selbstakzeptanz als erste Säule umfasst ebenfalls die Selbstliebe und die Selbstachtung. Es werden alle Teile des eigenen Seins so akzeptiert, wie sie sind. Die eigene Person wird als vollkommen angesehen - mit all ihren Stärken und Schwächen. Eine grundsätzliche Zufriedenheit über sich selbst ist dabei besonders wichtig. Menschen, die sich selbst akzeptieren, fühlen sich wohl und geborgen in ihren Körpern. Eine positive Einstellung sich selbst gegenüber ist genauso wichtig wie das Achten auf die eigenen Bedürfnisse und Grenzen.

Die Säule des Selbstvertrauens bildet das Vertrauen in die eigenen Fähigkeiten. Erbrachte Leistungen werden als solche anerkannt und nicht heruntergespielt. Ein starkes Selbstvertrauen ist eine Kraftquelle, um mit Krisen und schlechten Zeiten umgehen zu können. Die Zahl der Fähigkeiten und Leistungen stärkt mitunter das Selbstvertrauen. Diese muss sich aber bewusst gemacht werden, um davon profitieren zu können.

Die soziale Kompetenz beschreibt den zwischenmenschlichen Umgang. Dabei gehören Empathie für Mitmenschen, aber auch die Fähigkeiten, seine eigenen Grenzen zu setzen und sein Recht durchzusetzen, dazu. In Beziehungen sind Sie zu Kompromissen bereit und handeln nicht nur auf Ihren persönlichen Vorteil bedacht. Sie engagieren sich ehrenamtlich und geben etwas zurück.

Das soziale Netz als vierte Säule begründet sich auf das Umfeld sowie die Menschen, mit denen wir die meiste Zeit verbringen, meistens Familien und Freunde. Sie stärken das Selbstwertgefühl, denn mit den liebsten Menschen und dem Wissen, dass diese immer da sind, entsteht ein Gefühl der Geborgenheit. Das soziale Netz prägt unser Verhalten. Sie bestimmen die Werte und die Regeln, nach denen wir handeln wollen. Sie machen unsere Persönlichkeit aus.

Wie steigere ich mein Selbstwertgefühl?

Die Gelassenheit ist eine anmutige Form des Selbstbewusstseins.

Marie von Ebner-Eschenbach

I m letzten Kapitel haben wir gelernt, worauf ein gesundes Selbstwertgefühl beruht. Nun wollen wir uns damit befassen, wie Sie Ihr Selbstwertgefühl steigern können.

Damit Ihr Selbstwertgefühl steigen kann, müssen Sie sich bewusst werden, wie es um Ihren Selbstwert steht. Unter Kapitel 24 „Mein Selbstwert" haben Sie die Möglichkeit, Ihre Säulen auszuarbeiten. Währenddessen wird Ihnen vielleicht auffallen, an welchen Stellen Sie sich nicht wohl fühlen oder der Meinung sind, dass Sie in dem Bereich eine Lücke haben, die es zu schließen gilt.

Indem Sie Ihre Säulen stärken, stärken Sie automatisch Ihr Selbstwertgefühl. Im Folgenden finden Sie Tipps, wie das Selbstwertgefühl an Stärke gewinnt.

SELBSTAKZEPTANZ STÄRKEN

Methode 1: **Zeit für sich selbst nehmen**

Es fällt Ihnen schwer, sich mit sich selbst zu beschäftigen? Vermutlich haben Sie schon vergessen, wie herrlich es sein kann, Zeit nur mit sich selbst zu verbringen. Sorgen Sie täglich für sich selbst, indem Sie sich ein Zeitfenster schaffen, in dem Sie nur Sie selbst sein können. Dafür sollten Sie sich mindestens 30 Minuten einplanen. Sie müssen in dieser Zeit nichts Besonderes machen, es reicht eine kleine Auszeit, in der Sie nicht Ehefrau oder Ehemann, Vater oder Mutter oder Arbeitskollege sein müssen.

Eine Ich-Zeit sorgt dafür, dass wir im Einklang mit uns selbst bleiben. Wir achten mehr auf unsere Bedürfnisse und sind uns unserer Selbst stärker bewusst. Im Beisein von anderen Menschen neigen wir dazu, uns der Probleme und Sorgen derer anzunehmen, die uns umgeben. Also wird es Zeit, dass Sie sich wieder Zeit für sich nehmen.

Sie wissen nicht, was Sie tun sollen, wenn Sie mal Zeit für sich selbst erübrigen können. Dann hilft Ihnen vielleicht die folgende Liste.

Kreuzen Sie die Aktivitäten an, die Ihnen zusagen und ergänzen Sie sie vielleicht um Ihre eigenen Ideen.

Lieblingsmusik hören
Ein Mandala malen
Ein neues Rezept ausprobieren
Ein gutes Buch lesen
Eine Bucket List schreiben
Eine Zeitschrift lesen

Einen Vortrag anhören

Ein Gedicht schreiben

Fahrrad fahren

Wandern

Ein Insektenhotel bauen

Ein Instrument spielen

Ein Vision Board erstellen

Eine neue Sprache lernen

Ins Grüne fahren

Den nächsten Urlaub planen

Ein Bad nehmen

Fotografieren

Tanzen

Sich in den Garten in die Sonne setzen

Kreativ sein

Eine Massage nehmen

Einen Brief an eine liebe Person schreiben

An einem Sportwettkampf teilnehmen

Ball spielen

Sich einen guten Film ansehen

Angeln gehen

Yoga

Vögel beobachten

Etwas verkaufen

Methode 2: **Das Erfolgstagebuch**

Jede Leistung, die wir erbringen, hat einen Wert. Wir bestehen Prüfungen wie die Führerscheinprüfung. Wir schließen eine Ausbildung oder das Studium ab. Wir beenden die Schule. Wir renovieren erfolgreich unsere Wohnung oder bauen ein neues Möbelstück. Vielleicht schrauben Sie Oldtimer zusammen oder malen gerne mit Acryl. Jede einzelne Tätigkeit, die Sie zu Ende führen, stellt eine Leistung dar. Eine Leistung, für die Sie sich loben dürfen.

Haben Sie sich jemals darüber Gedanken gemacht, was Sie schon alles in Ihrem Leben erreicht haben? Wenn nicht, dann ist jetzt der richtige Zeitpunkt dafür. Gehen Sie einmal zurück und schreiben Sie alle Erfolge auf, die Sie sich zuschreiben können. Dabei geht es um Erfolge in allen Bereichen. Schule, Beruf, Hobby, Sport, Familie, Ehrenamt. Das alles zählt. Jeder noch so kleine Erfolg ist es wert, von Ihnen beachtet zu werden.

Nehmen Sie sich dazu ein leeres Journal zur Hand. Das Format können Sie sich selbst aussuchen. Es sollte aber mindestens A5 betragen, damit Sie genug Platz haben. Dann schreiben Sie alles auf, was Ihnen einfällt. Jeder noch so kleine Moment, in dem Sie stolz auf sich selbst waren.

Die wichtigsten Erfolge können Sie hier vermerken:

_____

_____

_____

Methode 3: **Achtsam essen**

Mit der folgenden Übung stärken wir unsere Achtsamkeit. Essen ist für uns etwas Alltägliches. Wir essen, weil wir müssen. Es ist für uns selbstverständlich. Wir müssen schon lange nicht mehr für das Überleben losziehen und jagen. Für die Nahrungssuche braucht es kein Geschick mehr. Wir fahren einfach in den nächsten Supermarkt und lassen uns von der großen Auswahl an Tiefkühl- und Fertigprodukten stressen. Wir essen nebenbei, halten es für Zeitverschwendung, ein notwendiges Übel sozusagen. Wir essen beim Fernsehen oder während der Arbeit. Was wir aber nicht machen, ist das Essen zu schätzen. Wie auch, es sorgt für die Kilos zu viel auf den Rippen und verführt uns. Unsere Einstellung zum Essen erfordert Achtsamkeit.

Wir können aber unsere Achtung vor dem Essen üben. Entscheiden Sie sich bei der nächsten Mahlzeit einmal ganz bewusst dafür, achtsam zu sein.

Bevor Sie anfangen zu essen, bedanken Sie sich einmal dafür, dass Sie diese Mahlzeit verspeisen dürfen. Dabei muss es keine bestimmte Person sein, der Sie danken. Danken Sie vielleicht sogar sich selbst, dass Sie sich ein gesundes Essen gekocht haben. Dann betrachten Sie einmal Ihr Essen. Wie sieht es heute aus? Welche Farben hat es? Sieht es ansprechend aus und was sticht besonders hervor? Wie riecht es? Ist es warm oder kalt? Nehmen Sie all diese Eindrücke ganz bewusst wahr.

Nehmen Sie nun den ersten Bissen und lassen Sie ihn auf der Zunge zergehen. Nehmen Sie all die Geschmäcker wahr, die Beschaffenheit der Nahrung, die Sie gerade zu sich nehmen. Kauen Sie nun langsam. Ist es schwer zu kauen oder ganz leicht? Wenn Sie das Gefühl haben, dass

Sie genug gekaut haben, dann schlucken Sie ganz bewusst. Welcher Geschmack bleibt Ihnen auf der Zunge zurück? Ist Ihr Mund warm oder kalt, weil die Temperatur der Speise auf Sie übergegangen ist? Wiederholen Sie diese Übung gerne mit jedem ersten Bissen einer Mahlzeit. Achten Sie auf das Essen, das Sie zu sich nehmen.

Entscheiden Sie sich bewusst für einen ruhigen Platz beim Essen ohne Störungen. Vermeiden Sie Ablenkungen in Form von Radio, Fernsehen, Laptop, Zeitungen und Zeitschriften. Vor allem das Smartphone sollten Sie während des Essens stumm schalten.

Es mag Ihnen zunächst merkwürdig vorkommen, aber bald werden Sie nicht nur Ihr Essen achtsamer betrachten, sondern ein besseres Gefühl dafür erhalten, wann Sie wirklich satt sind und wann Sie wirklich Hunger haben.

Im Allgemeinen ist es wichtig, achtsam mit sich selbst umzugehen. Dazu gehört es, seine eigene Meinung ebenso wie die eigenen Bedürfnisse zu achten. Spaß und Erholung gehören zu einem ausgeglichenen Leben genauso dazu wie Arbeit und positiver Stress. Nur wenn wir achtsam und liebevoll mit uns selbst umgehen, kann sich unser Selbstwertgefühl steigern.

SELBSTVERTRAUEN UND SELBSTBEWUSSTSEIN STÄRKEN

Das Selbstvertrauen kann durch Fehler, die uns im Alltag mal passieren, ziemlich leiden. Davon sollten wir uns aber nicht unterkriegen lassen, denn Fehler passieren. Sie machen uns zu Menschen und unterscheiden uns von Maschinen. Dennoch können wir Abhilfe schaffen. Dies gelingt mit den folgenden zehn Tipps zur Stärkung des Selbstbewusstseins.

Methode 1: Sagen Sie nein!

Das klingt jetzt einfacher als es ist. Aber wir können tatsächlich lernen, nein zu den Dingen zu sagen, die wir eigentlich gar nicht tun wollen. Ihre beste Freundin fragt Sie, ob Sie nicht Lust haben, mit in eine Bar zu kommen. Sie fühlen sich aber nicht gut und wollen lieber den Abend bei einem guten Film auf der Couch verbringen. Wenn dem so ist, sagen Sie ehrlich und guten Gewissens „Nein". Sie können ruhig offen sein und Ihre Gründe nennen. Beim nächsten Mal sind Sie dann wieder dabei. Auch Ihre Freundin profitiert davon. Denn wenn Sie eigentlich keine Lust haben, dann merkt die Person das auch und so ist für Sie beide der Abend nicht so schön, wie er hätte sein können. Also trauen Sie sich und sagen Sie „Nein". Sie werden sehen: Mit jedem Mal wird es leichter. Sie werden automatisch selbstbewusster und achten mehr darauf, was Ihnen guttut. Das wird auch Ihr Umfeld bemerken.

Methode 2: Seien Sie ein Superheld!

Wenn Sie merken, dass Sie sich klein fühlen und nicht so wirklich gut, dann probieren Sie einmal Folgendes aus. Stellen Sie sich etwas breitbeinig auf. Stemmen Sie die Hände in die Hüften und atmen Sie tief ein. Dabei ziehen Sie den Bauch ein und strecken die Brust raus. Der Kopf darf dabei etwas zum Himmel zeigen und die Schultern ziehen leicht nach hinten. Diese Superhelden-Pose sorgt dafür, dass Sie sich automatisch stark und selbstbewusst fühlen. Schon ein paar Minuten morgens beim Zähneputzen geben uns ein gutes Gefühl für den Tag. Probieren Sie es aus und stärken Sie ihr Selbstbewusstsein. Denn Sie sind ein Superheld.

Methode 3: Lächeln bitte!

Es mag sich vielleicht verrückt anhören, aber lächeln macht nachweislich glücklich. Denn zum Lächeln werden nicht nur 43 Muskeln benötigt, sondern das Gehirn wird auch zur Produktion von Endorphinen, den sogenannten Glückshormonen, angeregt. Wenn Sie sich schlecht, traurig oder sogar deprimiert fühlen, dann nehmen Sie sich einen kurzen Augenblick Zeit, um einfach zu grinsen. Je intensiver, desto besser und das über mindestens eine Minute. Die Muskeln regen Nervenzellen an, die wiederum das Gehirn veranlassen, Glückshormone zu produzieren. Wir fühlen uns automatisch besser. Der positive Effekt auf unser Selbstbewusstsein ist ein weiterer Bonus, der das Lächeln mit sich bringt. Niemand kann Sie aufhalten!

Methode 4: Sport als Booster!

Körperliche Betätigung ist nicht nur gut für die Gesundheit, sondern auch für das Selbstbewusstsein. Wenn wir uns wohl in unserem Körper fühlen, gehen wir gerne unter Menschen und schauen uns viel lieber im Spiegel an. Ein gesunder Geist lebt in einem gesunden Körper. Achten Sie darauf, was Sie essen und dass Sie sich ausreichend bewegen. Das gute Gefühl, dass Sie alles schaffen können, kommt dann von allein.

Methode 5: Setzen Sie sich in die erste Reihe!

Wir machen es nicht, weil wir denken, es ist unhöflich. Wir fühlen uns komisch dabei. Aber versuchen Sie mal, egal wo Sie sind, sich immer nach ganz vorne zu setzen oder zu stellen. Es wird komisch sein, ja. Aber warum sollten Sie nicht ganz vorne sitzen?

Methode 6: Ihre Stärken!

Jeder Mensch hat Stärken. Was können Sie besonders gut und auf welche Ihrer Eigenschaften sind Sie besonders stolz? Schreiben Sie sich eine Liste mit Ihren Stärken und machen Sie sich diese immer wieder bewusst, wenn Sie mal wieder an sich und Ihren Fähigkeiten zweifeln sollten. Sie können die Liste in den Anhang in Kapitel 24 schreiben. Sollten Sie regelmäßig an sich zweifeln, können Sie sich diese Liste auch gut sichtbar an den Wandkalender oder die Pinnwand heften. Sie sind wertvoll und Sie haben richtig was drauf! Das können ruhig alle sehen.

Methode 7: Probieren Sie etwas Neues aus!

Es gibt viele erste Male in unserem Leben. Das erste Mal allein zur Schule gehen, das erste Mal Auto fahren, das erste Mal eine neue Arbeit beginnen. Jedes Mal sind wir aufgeregt und können es gar nicht erwarten. Können Sie sich noch an das Gefühl erinnern, wenn Sie etwas zum ersten Mal gemacht und es geschafft haben? Daher probieren Sie etwas Neues aus. Was steht schon lange auf Ihrer Liste von Dingen, die Sie unbedingt mal machen wollten? Suchen Sie sich eine davon aus und gehen Sie es an. Dabei ist es egal, ob es etwas Kleines oder Großes ist. Kommen Sie ins Tun und der Rest folgt von ganz allein.

Methode 8: Den inneren Kritiker ignorieren!

Unser innerer Kritiker ist immer da. Diese leise Stimme in uns, die uns daran zweifeln lässt, ob wir etwas auch wirklich schaffen. Doch können Sie sich an das Gefühl erinnern, wenn Sie etwas geschafft haben? Dieses Gefühl ist Stolz und wir fühlen es zu selten. Zu selten sind wir wirklich stolz auf unsere Errungenschaften. Zu selten loben wir uns für das, was wir erreicht haben. Doch jetzt ist es an der Zeit, dass Sie sich loben. Für alles, was Sie bisher in Ihrem Leben erreicht haben. Seien Sie stolz auf Ihre Leistungen und jede Krise, die Sie gemeistert haben. Ignorieren Sie die Stimme, die versucht, Sie von Ihrem Vorhaben abzuhalten. Sie wissen im Grunde genau, dass Sie alles schaffen können, was Sie sich vornehmen, so lange Sie es wirklich wollen.

Methode 9: Machen Sie Komplimente!

Haben Sie schon mal der Kassiererin in Ihrem Lieblings-supermarkt gesagt, dass Sie ihre Frisur mögen? Oder einem wildfremden Menschen in der U-Bahn ein Kompliment für seine außergewöhnliche Garderobe gemacht? Warum eigentlich nicht? Wir denken viel darüber nach, was uns an anderen Menschen gefällt, aber wir sprechen es nie an. Forscher haben herausgefunden, dass Schenkende mindestens genauso glücklich sind wie Beschenkte. Machen Sie sich selbst glücklich, indem Sie positive Energie weitergeben und jemandem ein Kompliment machen. Dabei ist vor allem wichtig, dass Sie es ehrlich meinen.

Methode 10: Umgeben Sie sich mit Menschen, die Sie stärken!

Wir sind der Durchschnitt der fünf Menschen, mit denen wir die meiste Zeit verbringen. Wenn Sie sich also nur mit Menschen umgeben, die Ihnen das Gefühl geben, klein und schwach zu sein, dann werden Sie das früher oder später auch werden. Denn wir werden zu den Gedanken, die wir denken. Überprüfen Sie Ihr Umfeld und gehen Sie den Miesmachern aus dem Weg. Umgeben Sie sich nur noch mit Menschen, die Sie stärken und die Ihnen das Gefühl geben, etwas ganz Besonderes zu sein. Denn das sind Sie.

SOZIALE KOMPETENZ STÄRKEN

Eine Methode, die soziale Kompetenz zu steigern, ist das Nein-Sagen, wie Sie es schon in dem Kapitel „Selbstliebe im beruflichen Alltag" erfahren haben. Es stärkt den Selbstwert, denn wenn Sie nein sagen können, können Sie auf sich selbst achten. Beruflich und privat.

Methode 1: Recht durchsetzen

In vielen Situationen unseres Lebens passiert es, dass wir unser Recht durchsetzen müssen. Zum Beispiel, wenn wir beim Bäcker mehr bezahlen müssen, weil versehentlich ein falscher Betrag in die Kasse eingegeben wurde oder sich jemand Ihnen gegenüber rüpelhaft verhält. Achten Sie einmal darauf, sich in solchen Situationen zu behaupten. Sie dürfen ruhig den Mund aufmachen und sagen, was Sie stört. Weisen Sie darauf hin, dass Ihnen zu viel berechnet wurde und Sie um eine Korrektur bitten. Setzen Sie sich für sich selbst ein.

Das ist alles andere als leicht, gerade wenn Sie besonders harmoniebedürftig sind. Aber vergessen Sie nicht, dass Sie ein Recht darauf haben, anständig und fair behandelt zu werden.

Methode 2: Ein Ehrenamt suchen

Kaum etwas stärkt den Selbstwert so sehr wie das Gefühl, gebraucht zu werden. In Ihrer Stadt oder Ihrem Dorf gibt es bestimmt Organisationen, die ehrenamtliche Hilfe dringend benötigen. Suchen Sie sich eine unbezahlte Tätigkeit, die Ihnen Spaß macht. Geben Sie etwas von dem Glück, das Sie haben, zurück.

SOZIALES NETZ STÄRKEN

Methode 1: **Partnerschaft pflegen**

Wir sind schon einmal in Kapitel 5 auf eine gesunde Beziehung eingegangen und wie man eine positive Beziehung führt. Hier geht es aber speziell darum, die Beziehung zu Ihrem Partner zu pflegen. Wenn Ihr Partner sich in der Beziehung geborgen fühlt, kann er dieses Gefühl der Geborgenheit ebenso an Sie wieder zurückgeben.

Überlegen Sie sich daher eine Liste an Aktivitäten, die Ihnen beiden Spaß bereiten. Nehmen Sie sich Zeit füreinander und genießen Sie diese. Das kann ein selbstgekochtes Essen oder ein Campingausflug sein. Wichtig ist, dass Sie sich ausschließlich mit Ihrem Partner beschäftigen. Gerade in langen Beziehungen hilft eine willkommene Abwechslung zum Alltag.

Wenn Sie aktuell keinen Partner haben, pflegen Sie Ihre Freundschaften. Rufen Sie alte Freunde an und erkundigen Sie sich nach Ihrem Wohlergehen. Sie werden überrascht sein, wie sehr sich die Leute darüber freuen werden, Ihre Stimme zu hören.

Verabreden Sie sich vielleicht zu einem gemeinsamen Stadtbummel oder für ein Konzert. Genießen Sie die Zeit in der Nähe von Menschen, die Sie schätzen und die Sie als Person zu schätzen wissen.

Methode 2: **Neue Freunde gewinnen**

Vermutlich gehen Sie nicht gern auf andere Menschen zu. Wahrscheinlich können Sie sich gar nicht mehr erinnern, wann Sie das letzte Mal einen neuen Freund oder eine neue

Freundin gefunden haben. Aber neue Freundschaften bereichern unser Leben. Neue Freunde haben eine große Wirkung auf das Selbstwertgefühl. Außerdem lernen Sie dadurch interessante Menschen kennen. Doch wo finden Sie neue Freunde?

In der heutigen Zeit bietet das Internet sicherlich viele Möglichkeiten, neue Menschen kennen zu lernen. Doch um eine Person wirklich kennen zu lernen, sollten Sie dieser gegenüberstehen.

Besuchen Sie zum Beispiel einen Kurs an der Volkshochschule zu einem Thema, das Ihnen zusagt. Davon profitieren Sie gleich doppelt. Zum einen bauen Sie Ihre Fertigkeiten aus, was sich ebenfalls positiv auf Ihren Selbstwert auswirkt. Zum anderen lernen Sie Gleichgesinnte kennen, mit denen Sie in Kontakt treten können.

Sie können das neue Wissen festigen, indem Sie mit den Kursteilnehmern über das Thema sprechen. Bestimmt treffen Sie hier auf einen Menschen, der Ihnen sympathisch erscheint. Trauen Sie sich nur, Sie können nur gewinnen.

Egoismus – kein Platz für andere im Herzen?

Egoismus ist für die meisten Menschen eine negative Bewertung für Personen, die ausschließlich an sich selbst denken. Egoisten gelten gemeinhin als rücksichtslos und handeln nur auf Ihren persönlichen Vorteil bedacht. Das Wohlergehen anderer Menschen ist ihnen herzlich egal.

Doch wir müssen Egoismus etwas differenzierter betrachten. Es gibt einen Unterschied zwischen positivem und negativem Egoismus. Negativer Egoismus zielt auf den eigenen Vorteil ab und äußert sich zum Nachteil Ihrer Mitmenschen. Positiver Egoismus hingegen fördert die Liebe zu sich selbst, ohne dass Menschen in Ihrer Umgebung Schaden nehmen.

Im Grunde wirkt sich positiver Egoismus ebenso positiv auf Ihre Mitmenschen aus. Wenn Sie sich selbst genug achten und Ihre Bedürfnisse erfüllen, haben Sie auch genug Energie und Liebe übrig, um diese weiterzugeben.

Vielleicht achten Sie nicht auf sich selbst, weil Sie fürchten, Sie könnten als egoistisch bezeichnet werden und von Ihren Mitmenschen Ablehnung erfahren – und das nur, weil Sie an sich selbst denken und auf sich selbst achten. Dabei sind die Vorwürfe selbst egoistisch und zielen darauf ab, Ihnen ein schlechtes Gewissen zu machen.

Gesunder Egoismus ist wertvoll und wird Ihnen dabei helfen, auch sich selbst zu achten.

Narzissmus – eine extreme Form der Selbstliebe?

Es lebte einst ein schöner Mann... Er sah in einen Fluss, auf dessen Oberfläche er die Spiegelung seines eigenen Gesichts entdeckte und in welche er sich sofort verliebte. Die Rede ist von Narziss, dem Namensgeber des Narzissmus. Der Schönling entstammt der griechischen Mythologie. Bestimmt haben Sie bereits von dieser Sage gehört und dem hübschen Jüngling, der gewiss etwas narzisstisch veranlagt war.

Ausgeprägter Narzissmus eckt im Allgemeinen in der Gesellschaft an. Arroganz und stark egozentrisches Verhalten werden in Gruppen nicht akzeptiert. Doch sollte man Grenzen ziehen zwischen „Narzissmus", einer gewissen Neigung, die jeder Mensch hat und der „narzisstischen Persönlichkeitsstörung", bei der es sich um eine von Ärzten anerkannte, psychische Störung handelt.

Menschen, die unter einer narzisstischen Persönlichkeitsstörung leiden, zeigen wenig Dankbarkeit und sind ständig auf der Suche nach Anerkennung. Sie sind wenig empathisch und treten großspurig auf, um ihr eher geringes Selbstwertgefühl vor der Allgemeinheit zu verstecken. Sie

neigen zur übertriebenen Selbstüberschätzung und vertei-
digen das unrealistische Bild von sich selbst im Zweifel laut-
stark und aggressiv. Sie nutzen die Gutmütigkeit ihrer Mitmenschen schamlos aus und leiden häufig unter Stim-
mungsschwankungen.

Narzissmus an sich ist allerdings in unserer Persönlichkeit verankert. Damit ist keine „Krankheit", sondern das
stete Streben nach Selbstwerterhöhung gemeint. Wir neigen dazu, uns selbst mäßig zu überschätzen. Eine mäßige
Selbstüberschätzung, zumindest ab und an, ist also „normal" und notwendig, um weiter zu wachsen und ein positives Selbstbild aufrechtzuhalten.

Wer bin ich eigentlich?

MEINE PERSÖNLICHKEIT

Die fünf Persönlichkeitsmerkmale „Big Five" gelten
als wissenschaftlich fundiertes Modell zur Beschreibung der Persönlichkeit eines Menschen.
Nun werde ich Ihnen anhand Asendorpfs Ausführungen genauer erklären, wie diese Persönlichkeit zu definieren ist,
beziehungsweise was mit diesen Eigenschaften gemeint ist.

Das Big-Five-Modell wird häufig in der Personalsuche
in Unternehmen angewendet, um Bewerber einzuschätzen

und passend auszuwählen. Das Akronym OCEAN steht dabei für die einzelnen Merkmale, nach denen die Persönlichkeit gemessen wird.

Um sich selbst besser kennenzulernen, überprüfen Sie während des Lesens Ihre eigene Persönlichkeit auf die einzelnen Merkmale und notieren Sie sich Adjektive, die auf Sie zutreffen.

O - *Openess To New Experiences* ist die Offenheit gegenüber Neuem: neuen Erfahrungen, neuen Situationen, neuen Menschen. Veränderungen werden von Menschen, die besonders offen sind, mit Freude entgegengesehen. Offene Personen sind meistens gebildet, intelligent und kreativ. Ihre natürliche Neugier leitet sie ständig zu neuen Herausforderungen.

neugierig, wissensdurstig, kreativ, aufgeschlossen, fantasielos, experimentierfreudig, achtsam, humorvoll, impulsiv, authentisch, einfallsreich, geschickt, ideenlos, begeisterungsfähig, bedacht, individuell, eigensinnig, kühn

_____

_____

C *Concientiousness* ist Gewissenhaftigkeit. Gewissenhafte Personen legen besonderen Wert auf Pünktlichkeit. Sie werden wegen ihrer Zuverlässigkeit sehr geschätzt und haben einen ausgeprägten Sinn für Ordnung. Aufgrund ihrer Beharrlichkeit arbeiten sie diszipliniert an ihren Zielen.

zuverlässig, pünktlich, organisiert, stur, planlos, unüberlegt, berechnend, kompetent, urteilsfähig, pedantisch, faul, hochmotiviert, ehrgeizig, diszipliniert, spontan, umsichtig, leichtfertig, nachlässig, unordentlich, reinlich

---

E *Extraversion* spricht für sich. Menschen, die eine starke Extraversion besitzen, gehen gern auf Menschen zu und haben ein großes Selbstbewusstsein. Sie sind sehr gesellige Zeitgenossen und genießen es, unter Menschen zu sein. Ihre Hemmschwelle ist viel geringer als bei Menschen mit weniger ausgeprägter Extraversion. Häufig sind sie zudem sehr aktiv und ihnen ist selten langweilig.

selbstbewusst, aktiv, gemütlich, risikobereit, hektisch, lebhaft, herzlich, abweisend, gesellig, kontaktfreudig, distanziert, in sich gekehrt, unentschlossen, dominant, vorsichtig, fröhlich, heiter, ernst, missmutig, energisch

---

A *Agreeableness* beschreibt die Verträglichkeit mit anderen Menschen. Verträgliche Menschen sind freundlich und hilfsbereit. Sie empfinden große Empathie für ihre Mitmenschen und sind zu großem Mitgefühl fähig.

mitfühlend, kaltherzig, rücksichtslos, freundlich, umgänglich, eitel, arrogant, misstrauisch, gutgläubig, großzügig, gierig, nachgiebig, überheblich, bescheiden, rücksichtsvoll, ehrlich, hilfsbereit

_____

_____

N *Neuroticism* ist der Neurotizismus und damit eine Beschreibung für die emotionale Instabilität eines Menschen. Bei ausgeprägtem Neurotizismus leiden Personen unter großen Ängsten und Nervosität. Sie agieren häufig unberechenbar.

ängstlich, ausgeglichen, nervös, gehemmt, euphorisch, selbstsicher, sorglos, bedrückt, ungezwungen, unerschrocken, empfindlich, gereizt, schüchtern, verlegen, kontrolliert, sensibel, stressanfällig, stabil

_____

_____

(vgl. Asendorpf, 2007).

MEIN SELBSTBILD VS. MEIN IDEALBILD

Der ständige Konflikt in uns selbst. Wir streben nach unserem idealen Selbst, ohne uns wirklich zu kennen. Unsere Selbstwahrnehmung bestimmt, wer wir glauben zu sein. Unser Körper und unser Verhalten spiegeln unsere Überzeugungen über uns selbst. Die Selbstwahrnehmung ist dabei die Grundlage unseres Selbstwertgefühls. Fühlen wir uns in unserem Körper nicht wohl, spricht das für ein großes Selbstwertproblem. Denn so wie wir uns selbst sehen, so sehen uns meistens nicht die anderen.

Die Selbstwahrnehmung ist erwartungsgesteuert und entspricht einer subjektiven Realität. Wenn wir also in den Spiegel schauen, dann erwarten wir bereits Dinge, die nicht so in Ordnung scheinen, wie sie sind. Wir sind unzufrieden mit dem Anblick. Selbstwahrnehmung erfolgt zudem aus dem Blickwinkel einer vorherigen Wahrnehmung. Sehen wir uns selbst schlecht, wird ein erneuter Blick in den Spiegel nichts an unserer subjektiven Wahrnehmung ändern.

Erinnerungen haben ebenfalls einen Einfluss auf unser Selbstbild. Sie bestimmen, was wir von uns selbst halten. Doch genau wie unser Blick in den Spiegel ist der Blick in die Vergangenheit erwartungsgesteuert und wird dementsprechend verzerrt.

Die meisten Menschen streben nach einem positiven Selbstwertgefühl. Kein Mensch möchte sich schlecht fühlen. Doch Menschen mit einem geringen Selbstwert wollen ihren Selbstwert nicht steigern, da dies nicht mehr dem subjektiven Bild ihres Selbst entsprechen würden. Deswegen fällt es Betroffenen sichtlich schwer, eine positivere Einstellung zu sich selbst aufzubauen. Sie sind in ihrer Realität gefangen.

Unser Selbstbild wird geprägt durch unsere Eigenschaften, unser Körpergefühl und unsere Prinzipien. Die gemachten Erfahrungen, Wünsche und Lebensziele beeinflussen uns ebenso wie unsere Fähigkeiten, Talente und unsere Position in der Gesellschaft.

Die Frage ist nun, warum wir im Konflikt mit uns selbst stehen. Es entwickeln sich Probleme mit dem Selbstwert, wenn unser Selbstbild nicht mit unserem Idealbild übereinstimmt. Dieses Idealbild ist das, was wir eigentlich sein wollen. Wenn Sie zum Beispiel im Büro angestellt sind, sich selbst aber als Formel-1-Pilot sehen, dann wird Ihr Job Sie auf Dauer nicht glücklich machen. Es ist also wichtig, dass wir ein klares Bild von uns selbst haben uns unser Idealbild einmal herausarbeiten. Dazu finden wir erst heraus, welche Prinzipien Sie ausmachen.

MEINE WERTVORSTELLUNGEN

Unsere Werte definieren uns. Sie bestimmen unser Handeln und ob wir mit Situationen einverstanden sind oder nicht. Damit wir unsere Wertvorstellungen definieren können, gehen wir gemeinsam ein paar Schritte durch. Danach werden Sie genau wissen, welche Werte zu Ihnen gehören.

Im ersten Schritt finden wir die Ideale heraus, mit denen wir uns identifizieren. Dazu finden Sie im Folgenden eine Liste. Aus dieser Liste suchen Sie sich 15 Prinzipien aus, denen Sie zustimmen. Dazu nehmen Sie ein Blatt Papier zur Hand und notieren sich die Begriffe, die Ihnen zusagen. Vielleicht fallen Ihnen selbst noch ein paar Werte ein, die besonders wichtig für Sie sind. Diese sollten Sie selbstverständlich in Ihrer Liste ergänzen. Bleiben Sie bei dieser Übung bitte ganz bei sich und wählen Sie Ihre eigenen Werte aus und nicht die, von denen Sie denken, dass Ihr Umfeld sie akzeptieren oder besonders gutheißen würden. Fühlen Sie tief in sich hinein. Nehmen Sie sich für diese Übung die Zeit, die Sie wirklich brauchen. Es kann sein, dass Sie mehr als 15 Begriffe auswählen wollen. Das ist normal und wunderbar. Aber hier prägt uns besonders unser Umfeld. Es geht bei dieser Übung nur darum, welche Werte in Ihrem tiefsten Innern verankert sind und mit welchen Prinzipien Sie sich vollständig identifizieren. Wägen Sie also ab, welche Begriffe sich für Sie richtiger als andere anfühlen und entscheiden Sie sich dann für diese. Welche Werte sind Ihnen wirklich wichtiger?

Als letzten Schritt bewerten wir nun die aufgestellten Grundsätze und bringen sie in eine Reihenfolge nach Wichtigkeit. Dazu vergleichen Sie jeden einzelnen Begriff mit dem darunter stehenden. Welcher der beiden fühlt sich wichtiger an? Der für Sie wichtigere Begriff erhält ein Kreuz. Dann vergleichen Sie den ersten Begriff mit dem dritten. Auch hier bewerten Sie wieder nach Wichtigkeit und der für Sie höher gestellte Wert bekommt wieder ein Kreuz. So vergleichen Sie jedes Prinzip miteinander und können anhand der Kreuze ausmachen, welches Prinzip an erster Stelle steht. Es ist das mit den meisten Kreuzen.

Überprüfen Sie noch einmal Ihre Aufstellung. Fühlen Sie sich wohl mit der Reihenfolge? Wenn ja, können Sie Ihre

Liste unter Kapitel 24 eintragen und dann haben Sie Ihre Grundsätze, nach denen Sie handeln, immer dabei.

Sie helfen uns, uns selbst zu definieren und unser Handeln zu bestimmen. Handeln wir gegen unsere Prinzipien, empfinden wir Scham und Schuld, da wir uns selbst verraten. Diese Liste wird Ihnen helfen, mehr bei sich selbst zu sein und Ihr Handeln an sich selbst zu orientieren anstatt an den Menschen in Ihrer Umgebung. Sie wissen nun, was Sie antreibt und haben einen wichtigen Schritt getan, zu einem erfolgreichen und erfüllten Leben.

Liste von Werten:

Ehrlichkeit	Güte	Liebe
Hoffnung	Zuverlässigkeit	Freundschaft
Freude	Glaube	Optimismus
Kreativität	Wissen	Attraktivität
Qualität	Erfolg	Berühmtheit
Sorglosigkeit	Gesundheit	Mitgefühl
Faulheit	Pessimismus	Abhängigkeit
Verantwortung	Toleranz	Abenteuer
Charme	Achtsamkeit	Sicherheit
Anstand	Dankbarkeit	Familie
Fleiß	Großzügigkeit	Kontrolle
Mut	Tiefe	Authentizität
Begeisterung	Anerkennung	Ethik
Freizeit	Beständigkeit	Macht
Humor	Glück	Leidenschaft
Leistung	Qualität	Vielfalt
Vision	Reichtum	Sauberkeit
Ordnung	Selbstständig	Vergnügen
Treue	Selbstvertrauen	Disziplin
Selbstwert	Respekt	Strenge
Sympathie	Vertrauen	Ausbildung
Effektivität	Gehorsam	Gnade
Integrität	Kameradschaft	Nächstenliebe
Ausdauer	Demut	Charisma
Gerechtigkeit	Intuition	Geduld
Spiritualität	Hingabe	Wirksamkeit

MEINE LEBENSZIELE UND WIE ICH SIE ERREICHE

Lebensziele sind Ziele, die wir erreichen wollen, um einen Zustand auf Dauer zu erreichen. Einmal die Alpen zu überqueren oder einen Urlaub in Spanien zu machen – diese Aktionen gehören eher zu den Zielen einer Liste an Dingen, die Sie einmal in Ihrem Leben getan haben möchten.

Wenn Sie ein klares Ziel vor Augen haben, ist es leichter sich selbst zu motivieren und auf dem Weg zum Ziel zu bleiben. Wenn Sie irgendwo hinfahren möchten, dann setzen Sie sich ja auch nicht ins Auto und fahren planlos los und sehen, wo Sie die Straße hinführt. Dabei landen Sie eventuell in einem Graben oder verlieren sich auf dem Weg ins Nirgendwo. Daher sollten Sie sich bewusst sein, welche Ziele Sie eigentlich erreichen wollen. Das können natürlich kurzfristige Ziele (wie das Fertigstellen eines Projekts) oder langfristige Ziele (wie zum Beispiel die finanzielle Freiheit) sein. In jedem Fall ist es wichtig, das Ziel zu kennen, um auch beurteilen zu können, ob Sie es erreicht haben.

Es kann kein zu großes Ziel geben. Es ist sogar besser, sich ein möglichst unerreichbares Ziel zu setzen, um bei Problemen den Fokus für das Wesentliche nicht zu verlieren. Denn wenn das Ziel riesig erscheint, erscheinen Probleme dagegen um ein Vielfaches kleiner.

Wie finde ich meine Lebensziele?

Wir können uns auf unsere Zukunft vorbereiten. Wenn wir uns bewusst sind, was wir im Leben erreichen wollen, dann erreichen wir diese Ziele meistens eher, als wenn wir ziellos und ohne größeren Plan durch das Leben gehen.

Machen Sie sich zunächst bewusst, wo Sie vor zehn Jahren standen. Wie waren Sie als Mensch, wie war Ihr Familienstand, wie sah Ihr Freundeskreis aus? Hatten Sie eine Arbeit, die Sie erfüllt hat und wie stand es um Ihre finanzielle Situation? Schreiben Sie sich auf, wer Sie waren.

_____

_____

_____

_____

_____

Machen Sie sich jetzt eines bewusst: für all das waren Sie verantwortlich. Sie haben die Entscheidungen getroffen, sodass Sie heute dort stehen, wo Sie stehen. Das unglaubliche Potential, die Dinge zu verändern, steckt bereits in Ihnen. Blicken Sie auf die letzten zehn Jahre zurück und machen Sie sich bewusst, was Sie alles erreicht haben. Welche Ihrer Entscheidungen führten Sie auf den Weg, den Sie heute gehen?

Das ist Ihre Quelle für die Inspiration und die Kraft, die nächsten zehn Jahre zu planen. Sie wissen, dass Sie alles verändern können, was Sie möchten und dass Sie auch alles erreichen können, wenn Sie es nur wollen. Die letzten zehn Jahre Ihres Lebens beweisen es!

Welches Lebensziel möchten Sie erreichen?

Wir können uns eine Reihe von Lebenszielen setzen. Jetzt, da Sie Ihre Wertvorstellungen kennen, können Sie

Ihre ganz persönlichen Ziele darauf ausrichten. Dazu kann Sie die folgende Liste mit Lebenszielen inspirieren.

Eine Beispiel-Liste von Lebenszielen:
- Eine glückliche Partnerschaft führen
- Die Welt bereisen
- Ein Haus bauen/ besitzen
- Selbstbestimmt leben
- Finanzielle Freiheit haben
- Eine Familie gründen
- Ein Buch schreiben
- Ein sorgenfreies und zufriedenes Leben führen

Jedem Ziel liegt ein übergeordnetes Lebensziel zugrunde. Meistens wollen wir einfach nur zufrieden sein. Deswegen überlegen Sie sich, was Sie erreichen müssten, um mit Ihrem Leben wirklich zufrieden zu sein. Als Hilfe könnten Sie sich fragen, wie ein perfekter Tag für Sie aussehen würde. Wie würden Sie die Zeit verbringen, wenn Angst und Geld keine Rolle spielen würden? Das ist sehr tiefgreifend und es ist nicht leicht, die eine Antwort darauf zu finden. Aber vielleicht ist es genau die Antwort für Sie.

Überlegen Sie nun, wo Sie in zehn Jahren stehen wollen. Stellen Sie sich genau vor, wie Sie sich fühlen werden, sobald Sie Ihr Ziel erreicht haben. Malen Sie sich in Ihrem Kopf ein sehr genaues Bild darüber aus, wo sie dann stehen werden. Welche Menschen stehen um Sie herum? Welche Stellung haben Sie jetzt in der Gesellschaft? Je deutlicher das Bild, desto besser. Definieren Sie genau, wer Sie sein werden, privat und beruflich.

Überlegen Sie sich Ihre persönlichen Lebensziele.

Schreiben Sie das Ziel, das Ihnen am Wichtigsten ist, in Ihren Vertrag in Kapitel 25. Legen Sie ein Datum fest, bis zu dem Sie Ihr Ziel erreicht haben möchten. Denn nur wenn Sie einen festen Zeitpunkt festgelegt haben, werden Sie motiviert sein, an Ihren Zielen zu arbeiten.

Methode 1: WOOP-Methode

Wish: Wunsch

Welches Ziel wollen Sie erreichen? Was würde Sie besonders zufriedenstellen und was wollten Sie schon immer erreichen?

Outcome: Ergebnis

Welches Ergebnis streben Sie an? Stellen Sie sich vor, Sie haben Ihr Ziel erreicht. Wie fühlt es sich für Sie an? Wo befinden Sie sich gerade? Sind Sie zufrieden mit dem Ergebnis?

Obstacle: Hindernis

Welche Hindernisse könnten sich Ihnen in den Weg stellen? Was kann Sie davon abhalten, Ihren Träumen nachzugehen?

Plan: Plan

Überlegen Sie sich, wie Sie die Hindernisse überwinden oder umgehen können. Erstellen Sie einen Plan, den Sie im Fall der Fälle anwenden können (vgl. Oettingen, 2015).

Mit der WOOP-Methode haben Sie nun eine Technik, wie Sie sich Ziele setzen und gleichzeitig dafür sorgen können, diese auch wirklich zu erreichen. Kein Hindernis ist zu groß, denn Sie haben bereits alle Eventualitäten bedacht

Methode 2: Rückwärts planen

Das Rückwärtsplanen ist eine hervorragende Methode, um ein überdimensionales Ziel Schritt für Schritt zu erreichen.

Überlegen Sie sich zunächst, was Sie erreichen wollen. Dann überlegen Sie sich, was Sie für dieses Ziel haben oder tun müssen. Daraufhin gehen Sie einen Schritt weiter zurück und überlegen, was Sie tun müssen, um diesen Schritt zu erreichen. Und so zerkleinern Sie Ihr großes Ziel in viele kleinere Ziele. Sie brechen diese Kette soweit herunter, bis Sie an der Stelle sind, an der Sie sofort beginnen können.

Ein Beispiel ist das Auswandern nach Kanada. Um nach Kanada auszuwandern, brauchen Sie eine Aufenthaltsgenehmigung. Die bekommen Sie nur, wenn Sie den Test bestehen. Den Test können Sie nur bestehen, wenn Sie ein entsprechendes Wissen besitzen. Oder Sie sind ein wertvoller Facharbeiter. Also machen Sie eine gute Ausbildung. Dafür müssen Sie für Klausuren lernen. Die nächsten Klausuren sind bald fällig, also fangen Sie heute bereits mit dem Lernen an.

Damit lässt sich jedes große Ziel auf viele kleine herunterbrechen. Das nächste Ziel, das Sie erreichen können, liegt direkt vor Ihnen. Das Einzige, was Sie jetzt noch tun müssen, ist anzufangen. Wenn Sie nicht anfangen, dann können Sie selbst das kleinste Ziel nicht erreichen.

Das innere Kind

In jedem von uns wohnt ein inneres Kind. Es ist die Summe aller Erfahrungen, die wir beim Heranwachsen sammeln. Dabei prägen alle negativen, aber auch alle positiven Erfahrungen das innere Kind. Gefühle wie Stolz, Glück, Freude, Sorgen und Ängste werden dem inneren Kind zugeschrieben. Der Einfluss auf unser Leben ist groß, daher ist es wichtig, sich einmal genauer mit ihm zu beschäftigen. Viele Konflikte in unserem Alltag resultieren aus einem verletzten, inneren Ich, welches verzweifelt versucht, sich Gehör zu verschaffen.

Nur zehn bis zwanzig Prozent unseres Handelns wird aktiv von unserem Bewusstsein gesteuert. Der Rest bestimmt das Unterbewusstsein. Unsere Erinnerungen, an die wir uns nicht bewusst erinnern können, weil zu viel Zeit vergangen ist oder weil wir sie verdrängt haben, werden in unserem Unterbewusstsein verankert.

Wir müssen uns der Verletzungen, die unser heutiges Leben prägen, bewusst werden. Dazu machen wir als Erstes die negativen Glaubenssätze aus, die uns während des Heranwachsens mitgegeben wurden. Danach erfahren Sie, wie

Sie das innere Kind heilen können. Und abschließend stärken wir unser Inneres, um in Zukunft zufriedener zu sein und uns sicher mit uns selbst zu fühlen. Denn nur wenn wir mit uns selbst im Reinen sind, können wir unser volles Potential ausschöpfen.

BEFREIEN

Im Kapitel „Der Faktor Familie und Erziehung für Ihre Selbstliebe" haben wir bereits festgestellt, dass sich Kinder nach der Erfüllung der vier Grundbedürfnisse sehnen. Werden diese nicht erfüllt, leidet das innere Kind in uns. Es wird verletzt und diese Verletzung wird bis ins Erwachsenenalter weitergetragen.

Dies führt häufig zu Konflikten im Alltag, wenn diese Verletzung angestoßen wird. Wir werden nun im Folgenden einmal diese negativen Glaubenssätze ausmachen, die wir als Kinder für uns angenommen haben und bis heute für wahr empfinden. Diese Glaubenssätze spiegeln unser inneres, verletztes Kind. Es ist also an der Zeit, dass es gehört wird.

Negative Glaubenssätze ausmachen

Für diese Übung brauchen Sie ein großes Blatt Papier. Nehmen Sie sich so viel Platz, wie Sie brauchen (eventuell auch mehrere Blätter). Denken Sie nun einmal an eine Situation in Ihrer Kindheit zurück, in der Sie sich mit Ihrer Mutter richtig unwohl gefühlt haben. Wenn Ihnen etwas Traumatisches zugestoßen ist, müssen Sie sich nicht vollständig in die Situation hineinversetzen. Denken Sie nun einmal darüber nach, wie Ihre Mutter in dieser Situation war. Welche Wörter beschreiben das Verhalten Ihrer Mutter? Notieren Sie sich diese auf Ihrem Zettel. Das gleiche wiederholen Sie mit Ihrem Vater. Notieren Sie sich alles, was Ihnen einfällt.

Nun denken Sie einmal darüber nach, welche typischen Sprüche zu Hause gefallen sind. Das können Sprüche sein wie „Du bist ja zu nichts zu gebrauchen", „So ein Kind wie deine Freundin hätte ich auch gerne gehabt", „Die ist ja immer so schön brav", „Davon kannst du dir eine Scheibe abschneiden", und so weiter. Ich bin mir sicher, Ihnen fällt an dieser Stelle sehr viel ein.

Als letzten Schritt machen wir konkret die negativen Glaubenssätze aus. Welche Gefühle haben Ihre Eltern in diesen schlechten Situationen in Ihnen hervorgerufen? Welche dieser Gefühle spüren Sie selbst noch heute?

Welche Verallgemeinerungen haben in Ihrem Leben bis heute Bedeutung? Welche Sprichwörter fallen Ihnen spontan ein?

Damit Ihnen die Suche leichter fällt, finden Sie auf der nächsten Seite eine Reihe negativer Glaubenssätze. Manche werden Sie schon gehört haben. Gehen Sie die Liste einmal durch und notieren Sie sich die Sätze, die ein Gefühl in Ihnen auslösen. Vielleicht fallen Ihnen dann noch weitere Sätze ein, die Sie unbedingt ergänzen sollten.

Sie haben jetzt also ein großes Blatt voller Notizen. Damit haben Sie Kontakt zu Ihrem verletzten, inneren Kind aufgenommen. Jetzt werden wir das verletzte Kind trösten.

NEGATIVE GLAUBENSSÄTZE

Ich muss brav sein!

Ich darf mich nicht wehren!

Ich darf nicht nein sagen!

Das darf man nicht!

Das wird ja eh nichts!

Ich werde nicht geliebt!

Ich bin nicht willkommen!

Ich bin immer im Weg!

Ich muss perfekt sein!

Ich muss alles kontrollieren!

Vorsicht ist die Mutter der Porzellankiste!

Ich verdiene es nicht!

Ich kann niemandem trauen!

Ich bin eine Last!

Ich bin nutzlos!

Ich bin hilflos!

Ich bin nicht wertvoll!

Ich bin nicht wichtig!

Ich muss immer am besten sein!

HEILEN

Das Kind in uns sehnt sich nach der Befriedigung seiner Bedürfnisse. Da wir keine Reise durch die Zeit machen können, bleibt uns keine Wahl, als selbst auf die Bedürfnisse unseres inneren Kindes einzugehen. Wir selbst übernehmen nun die Rolle eines liebenden Erwachsenen und lösen uns damit aus der Abhängigkeit zu unseren Eltern. Unser

Vater und unsere Mutter sind nun nicht mehr länger für unser Wohlergehen verantwortlich. Wir entscheiden selbst, dass es an der Zeit ist, Verantwortung für uns zu übernehmen. Wir haben bereits Kontakt zu unserem verletzten, inneren Kind aufgenommen. Mit unseren negativen Glaubenssätzen wissen wir nun um unsere wunden Punkte. Jetzt gilt es, auf die Bedürfnisse des inneren Kindes einzugehen und es damit zu heilen.

Methode 1: Sprechen Sie mit Ihrem inneren Kind!

Erinnern Sie sich nun an ein Ereignis aus Ihrer Kindheit, das Ihnen ein schlechtes Gefühl gibt. Wenn es zu schmerzhaft ist, steigern Sie sich nicht zu sehr in die Situation hinein. Stellen Sie sich nun Ihr inneres Kind vor. Es steht klein und hilflos vor Ihnen, hat große Tränen in den Augen und weiß gar nicht, wie ihm geschieht. Sie sehen sich selbst als Kind aus Ihren Augen. Setzen Sie sich neben das Kind und sprechen Sie es an. Sie sorgen sich um das Kind und versuchen ihm zu erklären, was passiert ist. Erklären Sie es dem Kind in einer verständlichen Sprache. Beruhigen Sie es und erklären Sie, dass das kleine Geschöpf keine Schuld an der Situation trägt, dass Sie nun erwachsen sind und sich nicht mehr schlecht fühlen brauchen und dass Sie nun auf das Kind aufpassen werden.

Methode 2: Ein Kindheitsfoto bei sich tragen

Das innere Kind ist die Summe unserer Erinnerungen und unserer Gefühle. Es ist immer da. Erinnern Sie sich mit einem Foto aus Ihrer Kindheit daran. Jedes Mal, wenn Sie in einer Situation stecken, in der das Kind in Ihnen versucht, sich durchzusetzen, schauen Sie das Foto an und besinnen sich. Das innere Kind ist ein Teil Ihrer Persönlichkeit, aber Sie entscheiden, wie viel Macht es über Sie hat.

Methode 3: Stärken Sie das rationale Ich!

Das rationale Ich, der innere Erwachsene, ist wichtig für die Heilung des inneren Kindes. Denn es ist unser innerer Erwachsener, der nun die Verantwortung übernimmt und sich den Ängsten und Sorgen des inneren Kindes annimmt und diese lindert. Die Ängste des inneren Kindes resultieren aus den schlechten Erfahrungen, die wir in unserer Kindheit sammeln. Wir versuchen möglichst nicht in gleiche Situationen zu geraten, obwohl wir nun als Erwachsene in der Lage wären, diese Situationen zu meistern. Wir müssen also den inneren Erwachsenen stärken und das rational und ohne jegliche Emotionen. Dafür brauchen wir stichfeste Argumente, die dabei helfen, das verängstigte Kind zu trösten. Beispiele für diese Argumente könnten sein:

- Kinder sind von Natur aus neugierig und erkunden die Welt. Dabei machen sie auch mal was kaputt oder stoßen sich den Kopf. Das ist in Ordnung so, denn nur aus Fehlern können wir lernen und wachsen.
- Kinder haben ein Recht darauf zu spielen.
- Kinder haben ein Recht darauf, in einem sicheren und geborgenen Umfeld aufzuwachsen. Die Eltern müssen dafür sorgen.
- Kinder haben ein Recht auf ihre persönlichen Grenzen. Es ist in Ordnung, wenn Kinder nein sagen und sich abgrenzen.

Ganz nach Ihren persönlichen Erfahrungen und Glaubenssätzen können Sie Ihre eigenen Argumente formulieren. Führen Sie sich diese immer wieder vor Augen, damit Sie Ihren inneren Erwachsenen stärken können.

Methode 4: Schreiben Sie Ihrem inneren Kind einen Brief!
Denken Sie an einen bestimmten Moment in Ihrer Kindheit zurück, in dem Sie sich hilflos und überfordert gefühlt haben. Dann schreiben Sie Ihrem jüngeren Ich einen Brief. Denken Sie einmal darüber nach, was Sie dem Kind, das Sie damals waren, sagen würden. Versuchen Sie ihm in einer für Kinder verständlichen Sprache zu erklären, was passiert ist und dass Sie an der Situation keine Schuld tragen. Nehmen Sie Ihrem inneren Kind die Angst und versichern Sie ihm, dass so etwas nie wieder geschehen wird, da Sie ja jetzt da sind auf das Kind aufpassen.

STÄRKEN

_Blick in dein Inneres. Da ist die Quelle
des Guten,
die niemals aufhört zu sprudeln,
wenn du nicht aufhörst zu graben._
Mark Aurel

Wir haben jetzt das verletzte, innere Kind in uns entdeckt und getröstet. Jetzt ist es an der Zeit, dass wir die negativen Glaubenssätze auflösen und das glückliche Kind in uns stärken.

Methode 1: **Überprüfen Sie Ihre Glaubenssätze!**

Sie haben sicherlich eine lange Liste von negativen Glaubenssätzen notiert. Nehmen Sie diese Liste nun einmal zur Hand. Überprüfen Sie jeden einzelnen Satz und entscheiden Sie, ob dieser Satz für Sie eigentlich noch aktuell ist. Glauben Sie wirklich daran, dass dieser Satz auf Sie zutrifft oder war es nur Ihr verletztes Kind, das sich diesen Satz zunutze gemacht hat, um von Ihnen gehört zu werden?

Wenn Sie zweifeln, suchen Sie in Ihrer Vergangenheit nach Situationen, die Ihren Glaubenssatz widerlegen. Wenn Sie also zum Beispiel glauben „Ich kann nichts", dann machen Sie sich einmal bewusst, was Sie in Ihrem Leben alles schon erreicht haben. Dabei zählt jeder Erfolg. Es zeigt, dass Sie doch etwas können.

Methode 2: **Positive Glaubenssätze**

Wir müssen an unseren negativen Glaubenssätzen nicht festhalten. Wir haben die Wahl, ob wir sie behalten oder über Bord werfen wollen. Um die negativen Glaubenssätze aufzulösen, schreiben Sie sie ins Positive um. Vermeiden Sie dabei das Wort „nicht", denn es fällt unserem Gehirn schwer, nicht an etwas zu denken. Formulieren Sie betreffende Sätze so um, dass Sie dem Gegenteil entsprechen.

Im nächsten Schritt arbeiten Sie Ihre positiven Glaubenssätze heraus. Welche Situationen fallen Ihnen aus der Kindheit ein, in denen Sie sich wohl und geborgen gefühlt haben? Notieren Sie alles, was Ihnen einfällt. Welche Sprüche passen zu diesen Situationen? Welche Verallgemeinerungen benutzen Sie in diesem Zusammenhang? Auf der nächsten Seite finden Sie wieder eine Liste, diesmal mit positiven Glaubenssätzen. Lassen Sie sich davon inspirieren und notieren Sie alle Sätze, die ein warmes Gefühl bei Ihnen auslöst.

Fühlen Sie hingegen Groll, dann wehrt sich das Kind in Ihnen gegen diesen Satz. Machen Sie sich bewusst, dass das Kind in Ihnen den ständigen Kontakt über die Emotionen sucht.

Methode 3: Stellen Sie sich innere Verstärkung zur Seite!

Wir alle haben oder hatten Menschen in unserem Leben, die uns besonders berührt oder inspiriert haben. Vielleicht sind diese Menschen immer noch eine Quelle der Inspiration oder wir fühlen uns einfach nur sehr wohl und stark in der Nähe dieser Menschen. Für diese Methode suchen Sie sich beliebig viele Menschen aus Ihrem Umfeld aus, die Ihnen den Rücken stärken, sei es durch eine unterstützende Art oder durch ihr inspirierendes Verhalten.

Wenn Sie jetzt gerade in diesem Moment Unterstützung brauchen, aber keiner ist physisch anwesend, dann stellen Sie sich Ihre Unterstützung einfach vor. Denken Sie daran, wie sie hinter Ihnen stehen und welche aufmunternden Worte sie zu Ihnen sprechen würden. Wenn Sie niemanden in Ihrem Umfeld haben, der Ihnen so den Rücken stärken würde, dann stellen Sie sich ein Vorbild vor. Dabei kann es ein berühmter Schriftsteller oder auch eine Musikerin sein, Ihrer Fantasie sind keine Grenzen gesetzt. Wenn Sie jetzt Selbstvertrauen brauchen, dann sind diese Menschen da und sie stehen hinter Ihnen. Sie müssen das nicht allein durchstehen, sondern haben Ihre Unterstützung immer mit dabei.

POSITIVE GLAUBENSSÄTZE

Ich werde geliebt!

Ich schaffe das!

Ich darf meine Meinung vertreten!

Ich darf und kann mich wehren!

Das Leben ist schön!

Ich darf glücklich sein!

Ich darf Fehler machen!

Ich habe es verdient!

Ich bin gut genug!

Ich bin willkommen!

Ich bin frei!

Ich bin es wert!

Ich bin sicher!

Ich bin offen für das Leben!

Ich liebe mich!

Ich liebe meinen Körper!

Ich bin gesund!

Ich darf mich entfalten!

Ich kann vertrauen!

Vergeben und Verzeihen

Verzeihen ist ein wichtiger Schritt zu einem erfüllten und zufriedenen Leben. Sie haben bestimmt auch einen Menschen in Ihrem Leben, der Ihnen etwas angetan hat, dass Sie einfach nicht verzeihen können. Sie tragen die Wut, den Hass und den Groll auf diese Person wie ein schweres Paket, das auf Ihren Schultern lastet. Diese Last ist beinahe erdrückend, aber wir wollen diese um keinen Preis loslassen. Wir weigern uns zu verzeihen.

Wir wollen mit der Verweigerung der Absolution die Person für die Verletzung bestrafen. Unser Stolz steht uns im Weg, mit der Vergangenheit abzuschließen. Vielleicht wollen wir auch einfach nicht unser Gesicht verlieren. Fälschlicherweise glauben wir zudem noch, dass das Verzeihen gleichzustellen ist mit dem Gutheißen. Wir müssen also lernen zu verzeihen.

Nur wer verzeihen kann, ist im Einklang mit sich selbst. Derjenige sieht die Vergebung als Stärke, nicht als Schwäche an. Das Verzeihen findet nur in Ihnen selbst statt, niemand sonst wird von Ihrer Vergebung erfahren. Wenn Sie vergeben, dann tun Sie das nur für sich selbst, nicht für andere. Sie erlauben sich, endlich frei von der bedrückenden Last zu werden. Sie müssen nichts schönreden, aber Sie müssen akzeptieren und annehmen, was passiert ist. Die Vergangenheit kann nicht verändert werden. Wir können nur verändern, wie wir mit dem Wissen daraus umgehen.

Methode 1: **Stellen Sie sich vor, die Person, die Ihnen etwas angetan hat, steht Ihnen gegenüber.**

Sie erzählen dieser Person, was alles passiert ist und welche negativen Gefühle sie in Ihnen ausgelöst hat. Sagen Sie dieser Person, dass Sie ihr vergeben und bitten Sie dann ebenfalls um ihre Vergebung. Vielleicht gibt es aber auch einen Menschen, um dessen Vergebung Sie gerne bitten möchten. Dann stellen Sie sich diese Person vor. Sagen Sie Ihr, wieso Sie das getan haben, wofür Sie sich schämen. Sagen Sie der Person, dass es Ihnen leidtut und dass Sie dieser Person vergeben. Sagen Sie Ihr, dass Sie ebenfalls um Vergebung bitten. Spüren Sie in dieses Gefühl der Vergebung und akzeptieren Sie, was vorgefallen ist.

Methode 2: **Gehen Sie einmal in sich und versuchen Sie, sich an ein Ereignis zu erinnern, das Sie jemandem oder vielleicht sich selbst nicht verzeihen können.**

Falls es nicht zu schmerzhaft ist, steigen Sie gedanklich voll in die Situation ein. Überlegen Sie jetzt einmal, welchen Anteil Sie an der Situation hatten. Haben Sie eventuell provoziert oder haben Sie etwas gesagt, das die andere Person verletzt haben könnte? Versetzen Sie sich in die Perspektive der anderen Person. Welche Umstände hat sie dazu verleitet, so zu reagieren? Fühlen Sie in die Situation hinein und versuchen Sie die Beweggründe der anderen Person zu verstehen.

Überlegen Sie einmal, welche positiven Erfahrungen Sie mit dieser Person gesammelt haben, welche guten Erinnerungen Sie mit ihr verbinden. Danach bewerten Sie, ob die positiven Eindrücke diese eine schlechte Erfahrung aufwiegt.

Dankbarkeit lernen

Denke nicht so oft an das, was dir fehlt,
sondern an das, was du hast.
Mark Aurel

K önnen Sie mir mal bitte die Tür aufhalten? Vielen
Dank!" Beinahe automatisch entwischt das Wort
„Danke" aus unserem Mund. Wir denken gar nicht
nach, sondern sagen es einfach. Sagen wir es nicht, fühlt
sich etwas in uns besonders komisch an. Es fühlt sich falsch
an. Wir fühlen uns zu Dank verpflichtet, wenn uns jemand
beispielsweise die Tür aufhält.

Dabei ist die positive Wirkung einer Dankbarkeitsroutine enorm. Dankbarkeit fördert nicht nur Zufriedenheit
und Wohlbefinden, sondern hat auch einen positiven Effekt
auf zwischenmenschliche Beziehungen. Außerdem kann regelmäßig praktizierte Dankbarkeit Stress reduzieren und
damit eine allgemein positive Wirkung auf die Gesundheit
haben. Durch das gute Gefühl der Dankbarkeit kann die
Schlafqualität verbessert und Depressionen vorgebeugt
werden.

Dankbarkeit wird uns schon von Kindesbeinen an eingetrichtert. Sag „Bitte" und „Danke". Weigern wir uns, wird
dies häufig durch eine Rüge gestraft. Es ist unhöflich. So
wurden wir geprägt, dass Dankbarkeit mit einer gewissen
Verpflichtung einhergeht. Wenn wir zum Beispiel ein Geschenk zum Geburtstag bekommen, fühlen wir uns automatisch verpflichtet, dem Schenkenden ebenfalls etwas zu sei-

nem Geburtstag zu schenken. Auch wenn man darum gebeten hat, nichts zum Geburtstag haben zu wollen. Es stellt sich ein Gefühl der Verpflichtung ein und das Gefühl, das wir eigentlich haben sollten, Freude und auch Dankbarkeit, wird durch die negative Emotion überspielt.

So passiert es im Alltag schnell, dass die negative Emotion der Verpflichtung das positive Gefühl der Dankbarkeit verdrängt.

Wenn wir uns also proaktiv auf die Dinge konzentrieren, für die wir dankbar sind, lenken wir unsere Aufmerksamkeit auf positive Aspekte in unserem Leben und können von den oben genannten Auswirkungen profitieren.

Wie können wir mehr Dankbarkeit lernen und leben?

Methode 1: Ein Dankbarkeitstagebuch führen

Ein Dankbarkeitstagebuch ist eine wundervolle Art, um die neue Gewohnheit in den Alltag zu integrieren. Dabei müssen es nicht mehrere Seiten am Tag sein. Es reichen gerade mal ein paar Minuten.

Besonders nach dem Aufstehen und vor dem Schlafengehen kann diese Routine gefestigt werden.

Beantworten Sie täglich diese zwei Fragen:

1)   Wofür bin ich dankbar? Zähle 3 Dinge auf und jeden Tag etwas Neues.

2)   Was habe ich heute Gutes getan?

Die Antworten müssen dabei nicht lang sein. Sie können dankbar für die Menschen in Ihrem Leben sein oder für Ihre Haustiere. Sie können dankbar dafür sein, dass sie den Wolkenbruch halbwegs trocken überstanden haben oder auf dem Weg nach Hause nicht in den Feierabendverkehr geraten sind. Machen Sie es nicht zu kompliziert. Denn auch die bekannten kleinen Dinge im Leben sind es wert, dass sie Beachtung finden.

Wichtig dabei ist, dass Sie sich einen Moment Zeit nehmen und das warme Gefühl der Dankbarkeit wirklich spüren. Nur so kann es langfristig eine positive Wirkung auf Ihr Leben haben.

Auch die zweite Frage können Sie leicht beantworten. Haben Sie heute auf Plastiktüten im Supermarkt verzichtet? Oder einer alten Dame die Tür aufgehalten? Vielleicht haben Sie auch einfach den gestressten Busfahrer nett angelächelt und ihm einen schönen Tag gewünscht. All diese Kleinigkeiten fördern das gute Gefühl, denn es kommt von Herzen.

Methode 2: Schreiben Sie einen Brief!

Es gibt sicherlich einen Menschen in Ihrem Leben, dem Sie besonders dankbar sind. Vielleicht hat dieser Mensch Ihnen in einer schwierigen Zeit geholfen. Haben Sie sich für diese Hilfe schon einmal ausführlich bedankt? Nutzen Sie die Gelegenheit und schreiben einer Person, der Sie dankbar sind, einen Brief. Sagen Sie ihr, wie dankbar Sie für diese Person sind und was sie für Sie bedeutet. Welchen Stellenwert nimmt diese Person in Ihrem Leben ein?

Methode 3: Danken Sie einem Freund/ einer Freundin!

Sicher haben Sie eine beste Freundin oder einen besten Freund. Haben Sie ihm oder ihr schon einmal gesagt, wie viel er oder sie Ihnen bedeutet? Wir nehmen Freundschaften schon beinahe als selbstverständlich wahr, dabei sind sie ein großes Geschenk. Das wunderbare Gefühl, das eine intensive und positive Freundschaft in Ihnen bereitet, ist auf gar keinen Fall selbstverständlich. Also sagen Sie Ihrem Lieblingsmenschen, was Sie für ihn oder sie empfinden. Dabei werden Sie sich selbst nicht nur glücklich machen, sondern auch die Person, die den wundervollen Worten lauschen darf und das Glück hat, Ihr Freund oder Ihre Freundin zu sein.

Haben Sie zu hohe Erwartungen an sich selbst?

Bei einer hohen Erwartungshaltung an sich selbst, kann man schon fast vom Perfektionismus sprechen. Auf jedes kleinste Detail wird wert gelegt. Läuft etwas außerhalb der Norm, ist dies eine ausgewachsene Katastrophe.

Unsere Erwartungshaltung wird durch unsere Unzufriedenheit mit dem Leben ständig erhöht. Wir streben nach Anerkennung und versuchen mit der Erfüllung der Erwartungen, diese zu erhalten. Ungesund wird es bei krankhaftem Perfektionismus und wenn wir anfangen, unsere Ziele nach dem Einfluss von außen wie zum Beispiel den

Medien auszurichten. Wir streben nach Perfektion, wie Sie uns in Film und Fernsehen vermittelt werden.

Wenn Sie sich selbst unter den Leistungsdruck stellen, Ihren und den Erwartungen der anderen genügen zu wollen, dann wird es für Sie schwer sein, jemals mit etwas zufrieden zu sein. Denn Sie geben sich nicht mit einem Ergebnis zufrieden, sondern streben nach immer höheren Zielen, um noch besser zu sein. Sie können keine Erfolge genießen und treiben Sich immer weiter voran, bis Sie schließlich vollkommen erschöpft sind. Sie sind selbst Ihr größter Kritiker und können sich schwer einen Fehler verzeihen.

Wir rennen also einem Idealbild hinterher, das sich nicht durch unsere eigenen Wünsche und Vorstellungen formt, sondern das durch den Einfluss von Gesellschaft und Kultur geprägt wird. Dabei vergessen wir vollkommen, dass Perfektion eine Illusion ist. Kein Mensch ist perfekt. Daher sollten wir unser Idealbild einmal überprüfen. Setzen wir uns mit diesem Ideal ein unerreichbares Ziel?

Ist unser Verhalten von Perfektionismus geprägt, bestimmt uns die Angst, Fehler zu machen. Fehler können schlecht verziehen werden, daher erreichen wir durch unsere Angst im Endeffekt gar nichts.

Methode 1: Erlauben Sie sich Fehler!

Nur wenn wir Fehler machen, können wir lernen. Ein zwanghaft perfektionistisches Verhalten vermeidet Fehlerursachen. Wenn wir aber keine Fehlschläge mehr erleiden, können wir aus ihnen auch nicht lernen. Daher sollten Sie sich in jedem Fall zugestehen, nicht perfekt zu sein. Denn nur wenn Sie sich Fehler erlauben, sind Sie in der Lage dazu, voran zu kommen. Halten Sie sich mit jeder Kleinigkeit auf, die halbfertig immer noch besser ist als perfekt, dann werden Sie Ihre wirklich großen Ziele nie erreichen können.

Methode 2: Idealbild überprüfen

Wir haben ein gewisses Bild vor Augen, wenn wir an erfolgreiche Menschen denken. Häufig entstammt dieses Bild aus einer Werbung mit angeblich glücklichen Menschen. Wir wollen auch glücklich sein und streben nach den gleichen äußeren Umständen, die uns die Werbung vermitteln möchte. Doch wir können diese Idealvorstellung, diese unerreichbaren Ziele aufdecken. Fragen Sie sich einmal, wer Ihnen vorschreibt, dem Idealbild entsprechen zu müssen? Ist es die Gesellschaft oder sind wir es im Grunde selbst? Welche Ideale haben wir uns selbst als erstrebenswert auferlegt? Indem wir unsere Ziele und unsere Werte einmal überprüfen, entdecken wir den Selbstbetrug und können uns unseren eigenen Wünschen und Zielen widmen.

Ein Beispiel aus dem Alltag zeigt recht deutlich, wie wichtig es ist, seine eigenen Lebensziele zu kennen. In unserer Kultur gilt es als erstrebenswertes Ziel, eine Familie zu gründen und Kinder zu bekommen. Viele Menschen übernehmen dieses Ziel unreflektiert und werden damit glücklich. Doch manche werden es nicht. Denn es gibt auch Frauen und Männer, die sich bewusst gegen eine Familiengründung entscheiden. Diese Menschen haben ihr Selbstbild und ihre Lebensziele klar definiert, genauso wie die Menschen, die sich bewusst für eine Familie entscheiden.

Doch gerade Frauen müssen sich Vorwürfe von anderen Frauen anhören. Ihnen wird häufig vorgeworfen, sie wüssten ja gar nicht, was sie wollen. Sie müssen sich Sprüche anhören wie „Du bist ja noch jung" oder „Ach, das ändert sich noch". Andere Frauen verstehen die Entscheidung gegen eigenen Nachwuchs nicht. Sie versuchen, ihre eigenen Vorstellungen von Werten und Idealen zu projizieren.

Niemand ist perfekt. Jeder muss für sich selbst seine Lebensziele ausmachen und umsetzen. Die Angst vor dem Scheitern sorgt dafür, dass wir an Herausforderungen wachsen können. Nur wenn wir die Komfortzone verlassen und Risiken eingehen, können wir uns verbessern.

Gefühle annehmen und mit ihnen umgehen lernen

Gefühle gehören zu unserem Leben dazu. Sie machen uns zu Wesen, die zu großem Mitgefühl fähig sind. Nicht nur positive Emotionen wie Freude und Glück können uns überwältigen. Trauer und Wut sind eine schwere Bürde, wenn sie uns im Alltag belasten. Wenn es Ihnen schwerfällt, zu bestimmten Emotionen Distanz zu gewinnen, und wenn Sie sich zum Beispiel in Wut immer weiter hineinsteigern, dann könnten Ihnen die folgenden Übungen dabei helfen, aus dem Kreis auszubrechen.

Methode 1: **Versetze dich in die Position des anderen!**
Wenn Sie sich in einem Gedankenkarussell befinden und über einen Konflikt grübeln, dann versuchen Sie diese Methode. Stellen Sie dazu zwei Stühle voreinander auf. Setzen Sie sich auf den einen Stuhl und erzählen Sie Ihrem imaginären Gegenüber die Situation. Ihr Gegenüber stellt dabei den Konfliktpartner dar. Erzählen Sie, wie Sie sich fühlen und wie Sie den Konflikt empfinden. Wenn Sie alles, was Ihnen einfällt, erzählt haben, dann stehen Sie auf und setzen Sie sich auf den anderen Stuhl. Beschreiben Sie nun den Konflikt aus der anderen Perspektive. Erläutern Sie, wie es zu dem Konflikt kommen konnte und was diese Person wohl denkt und fühlt. Nutzen Sie die neuen Erkenntnisse, um Verständnis für die andere Person aufzubringen und einen neuen Lösungsansatz zur Auflösung zu finden.

Methode 2: **Ablenkung**
Wenn Sie in Ihren eigenen Emotionen gefangen sind, dann kann es helfen, dass Sie sich ablenken. Suchen Sie sich eine Tätigkeit, die Ihnen Spaß macht und führen Sie diese aus. Das kann auch eine Tätigkeit sein, die überhaupt keinen Spaß macht wie etwas Aufräumen oder Hausarbeit. Das Wichtige bei dieser Übung ist, dass Sie sich von Ihren Gefühlen ablenken und während der Tätigkeit keine Möglichkeit haben, über Ihr Problem nachzudenken. Powern Sie sich beim Laufen aus oder malen Sie ein Bild, ganz egal. Aber kommen Sie ins Tun.

***Methode 3:* Schreiben**

Gerade wenn Sie unter Einschlafproblemen leiden, weil Sie sich stundenlang im Bett wälzen und sich Ihren Gefühlen ausgeliefert fühlen, ist diese Übung ein wahrer Segen. Da Sie sowieso nicht schlafen können, stehen Sie wieder auf und nehmen Sie sich einen Zettel und einen Stift zur Hand. Schreiben Sie alle Einzelheiten auf, die Sie beschäftigen. Lassen Sie nichts aus. Denken Sie gar nicht viel darüber nach, sondern lassen Sie den Stift über das Papier fliegen. Sobald Sie fertig sind, lesen Sie sich das Geschriebene noch einmal durch. Haben Sie wirklich alles niedergeschrieben, das Sie beschäftigt? Fällt Ihnen vielleicht noch etwas dazu ein? Wenn Sie wollen, legen Sie das Papier nun zur Seite, wenn Sie es aufheben möchten. Möchten Sie damit abschließen, empfiehlt sich eine Zerstörung in Form von Zerknüllen, Schreddern oder im Kamin verbrennen. Sie schließen physisch mit dem Gefühl ab, so fällt es Ihnen leichter, auch in Ihrem Herzen damit abzuschließen.

Positive Psychologie und Affirmationen

Die Seele hat die Farben
deiner Gedanken.
Mark Aurel

D ie positive Psychologie wird erst seit Ende der Neunziger Jahre untersucht. Den Anfang machte eine Gruppe amerikanischer Psychologen. In den Jahren zuvor wurde der Schwerpunkt der Forschung ausschließlich auf die negativen Ursachen und Folgen psychischer Probleme gelegt. Nicht nur die Forschung konzentrierte sich auf die negativen Seiten des Lebens. Das menschliche Gehirn gibt negativen Impulsen automatisch mehr Aufmerksamkeit als positiven. Das ist evolutionsbedingt. Für das Überleben des Einzelnen und der Gruppe war es essentiell, negativen Ereignissen eine größere Bedeutung beizumessen. Denn häufig stellten diese eine Bedrohung der Existenz durch Raubtiere oder Angriffe dar. Nach Krafft (2018) erfahren wir heute Schicksalsschläge eher selten, wodurch sie umso deutlicher wahrgenommen werden (vgl. Krafft, 2018).

Es geschieht uns also im Laufe unseres Lebens mehr Positives als Negatives und trotz der Offenheit dem Schlechten gegenüber, gelingt es einem Großteil der Menschen, ein grundsätzlich zufriedenes Leben zu führen. Dennoch schadet es nicht, den Blick auf das Positive zu lenken.

Denn nur wenn wir positiv denken, können wir diese positive Energie auch weitergeben.

Eine positive Sicht auf die Dinge bedeutet aber nicht, dass das Schlechte im Leben ausgeblendet wird. Das ist Verleumdung und führt keinesfalls zu einem positiveren Leben. So wird ein Mensch, der sich zwar auf das Gute in seinem Leben konzentriert, das Schlechte und seine Probleme aber ignoriert, zwangsläufig früher oder später in Konflikte mit sich selbst oder mit Mitmenschen geraten. Denn das Unterbewusstsein ist dennoch bestrebt, die Probleme zu lösen. So macht das Schönreden eher unglücklich als zufrieden.

Welche Wirkung hat eine positive Sicht auf die Dinge?

Wenn wir anfangen, die Dinge aus einem anderen Blickwinkel zu betrachten, werden wir nach und nach lösungsorientierter. Wir fragen uns nicht mehr „Warum immer ich?", sondern „Wie kann ich das Problem lösen?". Wir nehmen Herausforderungen dankbar an und wachsen an ihnen. Wir werden automatisch zufriedener mit dem, was uns das Leben gibt. Diese positive Ausstrahlung steckt auch die Menschen in Ihrem Umfeld an. Wenn Sie selbst zufriedener durch das Leben gehen, werden das die Menschen bemerken und folglich ganz anders mit Ihnen umgehen. Sie werden fröhlicher und erfolgreicher sein als vorher. Wenn wir anfangen uns darauf zu konzentrieren, was gut in unserem Leben ist, werden wir Probleme beinahe automatisch los. Das klassische Beispiel sind Geldprobleme. Sie nehmen einen großen Platz in unserem Leben ein, da wir von Geld abhängig sind. Es gibt uns ein Gefühl von Sicherheit. Wenn wir also Geldsorgen haben, dann denken wir den ganzen Tag daran. Unsere Gedanken drehen sich nur darum, dass wir uns dies und das nicht leisten können. Wir denken problemorientiert. Wenn wir aber anfangen, nach Lösungen zu suchen (und die gibt es immer), dann fängt unser Gehirn automatisch an, nach Ideen zu kramen. Die richtige Frage ist also nicht „Warum kann ich mir das nicht leisten?", sondern „Wie kann ich mir das leisten?". Das Gehirn wird ganz automatisch anfangen, nach Lösungen zu suchen. Denn solange Sie einem Problem die Macht geben, in Ihren Gedanken zu geistern, werden Sie das Problem nicht lösen können. Es sind nicht die äußeren Umstände, die uns wirklich glücklich und zufrieden machen. Es ist unsere innere, positive Einstellung zum Leben.

Ein guter Weg, um eine positive Art des Denkens in Ihr Leben zu bringen, ist der Weg über Affirmationen. Bei positiven Affirmationen handelt es sich um positive Glaubenssätze. Sie sind ein Teil unserer Persönlichkeit. Sie geben uns ein gutes Gefühl und stärken unser Selbstwertgefühl.

Suchen Sie sich Ihre positiven Affirmationen. Um Ihnen die Suche nach Ihren Affirmationen zu erleichtern, finden Sie nun ein paar Beispiele für positive Affirmationen. Sie können Sie ganz nach Ihrem Belieben abwandeln. Bitte achten Sie darauf, dass Sie sich mit den Sätzen möglichst wohl fühlen. Denn unser Unterbewusstsein merkt, wenn wir uns selbst belügen und wird sich dagegen sträuben.

BEISPIELE FÜR POSITIVE AFFIRMATIONEN

Ich liebe mich wie ich bin.

Ich bin Licht und ich bin Liebe.

Ich fühle mich selbstbewusst und stark.

Ich achte auf mich und meine Bedürfnisse.

Ich gehe achtsam mit mir um.

Ich bin wertvoll.

Ich bin schön.

Ich akzeptiere mich wie ich bin, denn so soll ich sein.

Ich werde geliebt.

Ich nehme mir Zeit für mich und achte auf meine körperliche und mentale Gesundheit.

Jeder neue Tag erfüllt mich mit Energie und Zuversicht.

Jeder Tag ist eine neue Chance.

Gestern ist Vergangenheit. Heute ist der erste Tag meiner Zukunft.

Nur wenn ich Fehler mache, lerne ich.

Ich bin wertvoll.

Ich vertraue auf die unendliche Kraft meines Unterbewusstseins.

Ich vertraue auf mein Bauchgefühl.

_____

_____

_____

_____

_____

_____

_____

Das kleine Glück
schätzen lernen

MINIMALISMUS: BESITZ BELASTET

Minimalismus ist eine wunderbare Art, um in all dem Konsumverhalten wieder zurück zu dem zu finden, was uns wirklich glücklich macht. Werbung ködert uns alle. Sie spricht unser tiefes Bedürfnis nach einem glücklichen Leben an. Die Menschen in der Werbung verkaufen ein Leben mit einem bestimmten Duft oder einem bestimmten Gegenstand als ein glückliches. Doch Besitz hat auch eine Kehrseite, denn er muss gepflegt werden. Wir müssen Platz schaffen für Besitz und wir fühlen uns verpflichtet, dem Besitz Achtung zu schenken.

Wie viele Geschenke zu Weihnachten oder zum Geburtstag verstauben in Ihrem Keller und warten darauf, endlich benutzt zu werden? Wie viele Brotdosen und andere Behälter verstauben in Ihrer Küche mit dem Wissen, dass Sie sie eigentlich nicht brauchen, aber doch irgendwann mal gebrauchen könnten? Wie viel Werkzeug haben Sie noch von den unendlich vielen Möbelstücken, die sie mal aufgebaut haben und nie wieder benutzen können, weil der Schlüssel oder der Schraubenzieher nur dafür vorgesehen war?

Wir belasten uns selbst mit all dem Konsum und vergessen mit der Zeit, was uns wirklich glücklich machen würde. Wir leben in der Illusion, dass wir uns ja für harte Arbeit belohnen müssen. Je teurer, desto bester.

Gehen Sie nun einmal durch Ihre Wohnung oder durch Ihr Haus und begutachten Sie all die Dekorationsgegenstände, die Schubladen, die bis oben hin voll mit Kram gefüllt sind. Macht Sie dieser Anblick wirklich glücklich oder denken Sie sich insgeheim: „Ja, hier muss ich mal was tun"?

Sie können jederzeit anfangen, minimalistischer zu leben. Das bedeutet nicht, dass Sie auf Konsum jeglicher Art verzichten müssen. Sie selbst entscheiden, wie intensiv Sie die Tipps umsetzen. Für manche Menschen ist es eine wahre Befreiung zu erfahren, dass ihr Besitz in eine kleine Tasche passen darf. Wieder andere wollen ein bisschen mehr haben, da sie vielleicht künstlerisch tätig sind und viel Werkzeug für ihr Hobby brauchen. Bei Minimalismus gilt der Grundsatz „alles darf, nichts muss".

Es geht um Ihre persönliche Wohlfühlgrenze. Wenn Sie die Dekoration auf Ihren Fensterbrettern lieben, dann hat sie ihre Daseinsberechtigung. Aber die tausend Teelichtgläser, die seit Jahren im Keller verstauben und die Sie nicht gern ans Tageslicht holen, haben dies nicht.

Wie schaffen wir es, uns von Besitz zu trennen? Das fällt vielen Menschen besonders schwer. Die Gegenstände, die seit 20 Jahren sorgsam verwahrt wurden, könnten eventuell nochmal gebraucht werden. Hier kommen ein paar Methoden, die Ihnen helfen könnten.

Als kleine Hilfe stellen Sie sich bei jedem Gegenstand, den Sie in die Hände bekommen, die Frage, warum Sie diesen Gegenstand überhaupt noch besitzen. Haben Sie ihn eventuell geschenkt bekommen und hätten ein schlechtes Gewissen, wenn Sie ihn jetzt aus Ihrem Hausrat entfernen? Mögen Sie diesen Gegenstand oder lieben Sie ihn? Macht er Sie wirklich glücklich? Sollten Sie zu dem Schluss kommen, dass Sie den Gegenstand nur behalten, weil Sie ein schlechtes Gewissen haben könnten, dann ist es vielleicht an der Zeit, sich von dem Gegenstand zu trennen. Nicht alles, was aussortiert wurde, muss den Weg in den Müll finden. Sie können viele Sachen verschenken, es für wohltätige Zwecke spenden oder sogar verkaufen und ein bisschen Geld rausholen.

Methode 1: Jeden Tag ein Gegenstand

Jeden Tag ein Objekt aussuchen. Das klingt doch sehr einfach. Und das ist es auch. Suchen Sie sich jeden Tag einen Gegenstand aus, den Sie nicht mehr brauchen. Das macht in einem Jahr 365 Gegenstände, um die Sie sich nicht mehr kümmern brauchen. Das hört sich vielleicht viel an, aber Sie werden überrascht sein, wie viel Sie eigentlich besitzen.

Methode 2: Zimmer für Zimmer

Gehen Sie mit einem Korb durch jedes Zimmer. Sammeln Sie alles ein, was Sie nicht brauchen. Geschenke, Sammelsurien an Gegenständen, die Sie länger als ein Jahr nicht mehr in der Hand hatten. Überprüfen Sie genau, aus welchem Grund diese Sachen noch da sind. Dies wiederholen Sie so oft wie Sie möchten. Sie werden bei jedem Gang immer wieder etwas Neues entdecken.

Methode 3: Aus Kisten leben

Diese Methode ist etwas radikal und Sie sollten dies, falls Sie nicht allein wohnen, mit Ihren Mitbewohnern, sprich Familie oder Partner, besprechen. Sie nehmen Ihren ganzen Besitz und stecken ihn in Kisten. Dabei sollten Sie gut sortieren, damit Sie nicht lange suchen müssen, wenn Sie etwas brauchen. Sobald Sie etwas benutzen müssen, nehmen Sie es aus der Kiste und weisen dem Gegenstand nach Gebrauch einen festen Platz in der Wohnung zu. Wichtig ist, dass das nun der feste Platz für den einen Gegenstand ist. Wenn Sie ihn nutzen, muss er wieder an seinen ursprünglichen Platz zurückgelegt werden. Sie profitieren auf zwei Arten von dieser Methode. Zum einen müssen Sie gar nicht bewusst nach Gegenständen suchen, die Sie nicht mehr brauchen. Sie verbleiben nach Monaten in der Kiste einfach dort. Und zum anderen bemerken Sie leicht, ob Sie überhaupt noch den Platz für ein neues Gut haben. Überprüfen Sie also vor dem Einkaufen, welchen festen Platz der neue Besitz bekommen soll. Sie werden feststellen, dass Sie weniger besitzen wollen und dementsprechend auch weniger kaufen. Also ein doppelter Gewinn.

Methode 4: **Eins kommt, eins geht**

Diese Methode ist relativ einfach und lässt sich besonders gut auf Kleidung anwenden. Wenn Sie sich ein neues Kleidungsstück kaufen, muss dafür ein anderes aus Ihrem Kleiderschrank weichen. Für jedes Teil, das neu einzieht, muss ein anderes ausziehen. So beugen Sie vollen Schubladen und Kleiderschränken vor, in denen Sie nichts mehr wiederfinden.

Sie werden sehen, dass es mit der Zeit immer leichter wird, sich von Dingen zu trennen, die Sie einfach nicht glücklich machen. Weniger Besitz belastet das Gemüt weniger und Sie können sich wieder auf wichtige Dinge konzentrieren. Behalten Sie alles, was Sie glücklich macht. Ehren Sie alle Gegenstände, die es nicht geschafft haben und freuen Sie sich für die Personen, die nun endlich Freude an Ihren Sachen haben können. Mit jedem Teil weniger ist es fast so, als ob Ihre Seele mehr atmen kann. Sie gestalten nun aktiv Ihre Zukunft und wählen Ihren Besitz sorgfältiger aus. Sie übernehmen ab jetzt die Verantwortung und entscheiden sich dafür, mit den Gegenständen, die Sie bereits haben, glücklich zu sein.

DAS KLEINE GLÜCK IM ALLTAG

In unserem Alltag verstecken sich kleine Wunder. An jeder Ecke wartet etwas, das entdeckt werden möchte und mit jeder Sekunde, die verstreicht, können Sie sich entscheiden, glücklich zu sein. Unser Glück hängt nicht an den äußeren Umständen, wie es Lottogewinner immer wieder beweisen. Menschen, die im Lotto gewinnen, stehen finanziell nach einem Jahr dort, wo sie auch vor ihrem Gewinn standen. Sie fragen sich jetzt sicher, woran das liegt. Das mag an der Tatsache liegen, dass Geld allein nicht glücklich macht. Wer sich nicht an den kleinen Dingen erfreuen kann, der wird auch nicht glücklich sein, wenn vermeintlich alles zu haben ist.

Lenken Sie Ihre Aufmerksamkeit im Alltag mal auf die kleinen Dinge. Genießen Sie die Ruhe in der Bahn auf dem Weg zur Arbeit, wenn noch alle Passagiere müde und in den eigenen Gedanken versunken sind. Die warmen Strahlen der Sonne. Den Klang der Vögel, die den Tag mit ihrem Zwitschern einläuten. Die Schneeflocken im Winter, die langsam den Weg zum Boden finden. Die Blumen am Wegesrand, wenn der Frühling den Winter verdrängt. Die Klänge Ihrer Lieblingsmusik im Ohr. Der freundliche Herr an der Busstation, der Ihnen ein Lächeln schenkt, einfach so. Vermutlich fällt Ihnen noch so viel mehr ein, was Ihren Alltag und Ihr Leben zu etwas Besonderem macht. Schreiben Sie es gerne in Kapitel 24 unter „Das kleine Glück in meinem Alltag" auf.

Meditationsübungen für Anfänger

Für eine erfolgreiche Meditation ziehen Sie sich bitte an einen ruhigen Ort zurück. Das kann das heimische Wohnzimmer oder ein Ort im Freien wie der Lieblingsplatz am See oder auf einer Decke mitten im Wald sein.

Stellen Sie sicher, dass Sie für die nächsten 20 Minuten absolut ungestört sind.

Haben Sie einen schönen und ruhigen Ort gefunden? Sie können sich nun aussuchen, ob sie die Meditation lieber im Sitzen oder im Liegen machen wollen. Nehmen Sie eine für Sie bequeme Haltung an. Dazu eignet sich zum Beispiel der Schneidersitz. Flexen Sie dabei die Füße, um später Knieschmerzen zu vermeiden.

Wenn Sie möchten, können Sie auch sanfte Klänge auf Ihre Ohren geben. Die Musik sollte Ihnen aber beim Entspannen helfen und keine Emotionen aufwecken.

Schließen Sie jetzt die Augen und finden Sie Ihre bequeme Position. Nehmen Sie einen tiefen Atemzug. Atmen Sie ein, halten Sie kurz den Atem an und atmen Sie dann vollständig wieder aus.

Das wiederholen Sie nochmal. Einatmen, kurz den Atem halten und ausatmen. Spüren Sie, wie Sie mit jedem Atemzug entspannter werden? Einatmen, halten und ausatmen.

Spüren Sie nach, wie der Atem in Ihren Körper fließt. Wie sich Ihre Lungen mit Luft füllen und sich mit jedem Atemzug sanft die Bauchdecke hebt. Folgen Sie Ihrem Atem, wie er neue Energie in den Körper bringt. Atmen Sie alles Gute ein und das Schlechte wieder aus. Sie bestimmen das Tempo. Sollten Ihnen Gedanken kommen, dann nehmen Sie sie an. Es ist in Ordnung, dass Sie da sind.

Sie bemerken Ihre Gedanken aber Sie bewerten sie nicht. Sie sind wie Wolken, die am Himmel vorbeiziehen. Die Gedanken beeinflussen Sie nicht. Sie lassen Sie vorüberziehen. Sie können Ihnen nachsehen, wie sie langsam wieder verschwinden. Einatmen, halten und wieder ausatmen.

Spüren Sie, wie der Sauerstoff bis in Ihre Zehen fließt. Spüren Sie Ihre Beine, die Sie täglich tragen. Spüren Sie Ihren Bauch, wie er sich sanft hebt und senkt. Spüren Sie Ihre Finger, mit denen Sie die ganze Welt ertasten können. Spüren Sie Ihre Arme, die alles tragen können, wenn Sie das wollen. Spüren Sie Ihren Hals, der Ihren Kopf Ihr ganzes Leben lang trägt. Spüren Sie Ihren unglaublichen Körper, der an jedem einzelnen Tag so viel leistet. Spüren Sie all dies mit jedem Atemzug.

Kommen Sie nun langsam wieder zurück. Nehmen Sie Ihre Umwelt wieder bewusster wahr. Sie atmen immer noch ganz bewusst ein und wieder aus. Bewegen Sie ein wenig Ihre Finger. Machen Sie die Bewegung, die sich für Sie gerade richtig anfühlt. Wenn Sie so weit sind, öffnen Sie langsam Ihre Augen. Genießen Sie Ihren Blick nach innen, während Sie die ganze Welt mit Ihren Augen betrachten können.

Ängste und Selbstzweifel lösen

Jeder Mensch fühlt in seinem Leben einmal Angst. Angst ist durchaus etwas Positives, denn Angst hat eine Schutzfunktion. Sie zeigt uns, dass wir etwas Neues wagen und uns in ein unbekanntes Gebiet wagen. Umstände, die uns vor Tausenden von Jahren vor dem sicheren Tod bewahrten, halten uns heute im schlimmsten Fall vor wunderbaren Erfahrungen ab. Eine gewisse Angst in neuen Situationen ist also normal. Wenn uns aber die Angst beginnt zu lähmen und Selbstzweifel größer sind als das Selbstvertrauen, dann leidet die Lebensqualität. Wir leiden unter den Folgen unserer Angst.

Um mit Ängsten und Selbstzweifeln umgehen zu können, müssen wir den Ursprung verstehen. Angst agiert in einem endlosen Kreislauf. Wir bekommen einen Impuls von außen, der die Angst auslöst. In diesem Moment durchleben wir die schlimmsten Szenarien und malen uns aus, was alles Schlimmes passieren kann. Wir verspüren Angst, die uns lähmt oder hektisch werden lässt. Schließlich wird die Angst als Erinnerung gespeichert, sodass wir in ähnlichen Situationen wieder ängstlich reagieren werden.

Ängste und Selbstzweifel resultieren aus einem geringen Selbstwertgefühl. Sie haben bereits gelernt, wie Sie ihren Selbstwert steigern können. Damit haben Sie einen wichtigen Schritt getan. Es folgen nun weitere Methoden, mit denen Sie Ihren Ängsten begegnen können.

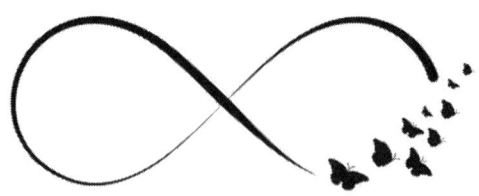

Methode 1: Erkennen Sie den Teufelskreis

Wir wissen nun, dass Angst in einem ewigen Teufelskreis immer weiterwächst. Die Angst bekommt mit jeder

Runde immer mehr Macht über Sie und Ihre Gedanken. Die Angst beginnt, Ihr Leben zu bestimmen. Erkennen Sie also den Teufelskreis, in dem Sie stecken, und machen Sie den Auslöser für die Angst aus. Nur so können Sie gezielt an Ihren Zweifeln arbeiten.

Methode 2: Akzeptieren Sie Ihre Angst

Wenn wir uns fürchten, möchten wir am liebsten alles dafür tun, damit wir uns nicht mehr fürchten müssen. Wir versuchen, die Angst zu unterdrücken. Doch wenn wir versuchen, Gefühle zu unterdrücken, werden Sie umso stärker. Das gilt auch für die Furcht. Fürchten Sie sich, dann atmen Sie einmal tief durch. Akzeptieren Sie Ihre Angst, so irrational Sie Ihnen in dem Moment auch vorkommen mögen. Nehmen Sie das Gefühl an und wehren Sie sich nicht dagegen. Die Angst zeigt uns, dass wir neue Erfahrungen machen. Sprechen Sie mit sich selbst über Ihre Angst. Nehmen Sie Ihren Befürchtungen den Schrecken, indem Sie sie annehmen und in Worte fassen.

Methode 3: Schreiben Sie Ihre Ängste auf

Das Schreiben hilft uns in vielen Situationen, denn in unserem Kopf spielen sich verschiedenste Szenarien ab, die sich vermischen und eine neue Realität bilden. Bringen wir unsere Gedanken auf Papier, so bringen wir Ordnung in unseren Kopf.

Notieren Sie sich nun einmal alle Ihre Ängste. Denken Sie darüber nach, in welchen Situationen Sie Angst verspüren. Vor welchen Personen fürchten Sie sich und warum?

Jetzt denken Sie zu jeder Furcht, die Sie sich notiert haben, was in so einer Situation schlimmstenfalls passieren kann. Malen Sie sich ruhig das Schlimmste aus. Sie werden ziemlich bald feststellen, dass alle Situationen durchaus unangenehm sind, Sie sie aber ausnahmslos alle überleben werden.

Denken Sie sich für jedes Szenario, das Ihnen am schlimmsten passieren kann, eine Lösung aus. Wie würden Sie handeln, wenn Sie in diese Situation geraten würden? Für alle Szenarien wird es Lösungen geben, die Sie umsetzen können.

Depressionen und Krisen überwinden

J eder von uns kennt das. Wir stehen auf und alles fühlt sich schlecht an. Wir haben schlecht geschlafen, sind absolut nicht ausgeruht und der Gedanke, sich aufzuraffen und zur Arbeit zu fahren, erfüllt Sie mit so viel Unlust, dass Sie am liebsten direkt wieder zurück in die Federn fallen würden. Diese Stimmungstiefs haben eine relativ kurze Dauer und verschwinden von allein innerhalb weniger Tage. Eine Depression ist schwerwiegender und überdauert eine lange Zeit.

Eine Depression äußert sich häufig durch die folgenden Symptome:
- Verlust der Interessen
- Freudlosigkeit
- Niedergeschlagene Stimmung
- Antriebslosigkeit
- Unbegründete Schuldgefühle
- Appetitlosigkeit
- Geringes Selbstwertgefühl
- Geringes Selbstvertrauen
- Suizidgedanken
- Schlafstörungen
- Konzentrationsschwierigkeiten

Sollten Sie für eine längere Zeit unter mehreren der oben genannten Symptome leiden, könnte eine Depression die Ursache sein. Sie sollten sich in diesem Fall mit einem Arzt Ihres Vertrauens in Verbindung setzen.

Depressionen sollten in keinem Fall unterschätzt und auf die leichte Schulter genommen werden. Eine Depression belastet Betroffene in allen Bereichen des Lebens. Beziehungen werden zu einer Qual, Schuldgefühle belasten den Alltag. Die Hobbies und Aktivitäten, die früher einmal Spaß bereitet haben, werden nur noch als anstrengend und sinnlos verurteilt.

Es gibt Möglichkeiten, einer Depression vorzubeugen und bei einer bestehenden Depression den Heilungsprozess zu fördern.

Methode 1: Machen Sie sich Hoffnung

Jeder Tag ist eine neue Chance, denn jeder einzelne Tag und sei er noch so furchtbar, hat nur 24 Stunden und geht irgendwann zu Ende. Mit jedem neuen Tag haben Sie die Chance, das Beste aus diesem Tag zu holen. Nach Ihren Möglichkeiten und nach Ihrem Tempo. Genießen Sie die kleinen Dinge in Ihrem Alltag - selbst wenn es nicht so laufen sollte, wie Sie sich das vorstellen. Morgen ist auch noch ein Tag.

Methode 2: Beugen Sie Depressionen vor

Wenn Sie sich an Ihre Vergangenheit erinnern, dann erinnern Sie sich mal an die positiven Dinge, die Ihnen bereits in Ihrem Leben widerfahren sind. Denken Sie an die lieben Menschen, die Sie bereits kennengelernt haben. Erinnern Sie sich mit Freude an jeden angenehmen Augenblick, den Sie schon erlebt haben. Vermeiden Sie zudem Konflikte. Gehen Sie liebevoll mit sich selbst um und haben Sie einen positiven Blick auf sich selbst und Ihr Leben.

Methode 3: Wir sind positiv

Entgegen der Naturgesetze zieht positives Denken positive Ergebnisse nach sich. Es gibt viele Dinge in unserem Leben, die einen negativen Einfluss auf unser Gemüt haben. Angefangen bei den täglichen Meldungen im Radio oder Fernsehen, bis hin zu den Familienangehörigen, die uns nur Vorwürfe machen, wir würden unser Leben nicht auf die Reihe kriegen. Diesen negativen Einfluss brauchen wir in unserem Leben nicht. Gerade wenn wir uns in einer Krise befinden, sollten wir uns so gut es geht mit einem guten

Einfluss umgeben und das Schlechte so gut es geht vermeiden.

Fangen Sie an, das Leben aus einem positiven Blickwinkel zu betrachten.

Methode 4: Genießen Sie das Leben

Lebenskrisen zwingen uns manchmal zu Boden. Mit aller Kraft kämpfen wir gegen eine schwere Last und finden im schlimmsten Fall keinen Ausweg. Lösen Sie sich von dem Ballast, der Sie nach unten drückt. Lassen Sie Ihre Vergangenheit hinter sich. Erlauben Sie sich selbst, die unterdrückten Gefühle einmal zuzulassen, um sie dann für immer loszulassen. Sie haben wie immer die Macht.

Entschließen Sie sich dazu, Ihr Leben zu leben. Suchen Sie sich heute etwas aus, das Sie besonders glücklich macht und dann tun Sie es. Nicht nächste Woche, nicht morgen, sondern heute! Genau jetzt in diesem Moment. Es ist Ihr Leben und Sie können es intensiv leben. Träumen Sie von Ihrem Leben, schöpfen Sie es aus und lernen Sie, loszulassen.

Interaktiver Teil

MEIN SELBSTWERT

Wie in Kapitel 9 beschrieben fundiert unser Selbstwertgefühl auf vier Säulen. Es ist wichtig, dass wir uns immer wieder bewusst werden, dass wir etwas wert sind. Im Folgenden können Sie nun Ihr Fundament ausarbeiten und sich bewusst werden, was für ein wundervoller Mensch Sie sind.

Selbstakzeptanz

Beschreiben Sie Ihre positiven Eigenschaften. Sind Sie besonders neugierig oder vielleicht geduldig? Welche Eigenschaften zeichnen Sie aus und machen Sie unverwechselbar? Welche Werte vertreten Sie? Haben Sie einen Gerechtigkeitssinn oder sind Sie vielleicht besonders stolz auf Ihre Ehrlichkeit?

Schreiben Sie alles auf, was Ihnen einfällt. Keine falsche Bescheidenheit, die folgenden Zeilen sind nur für Sie bestimmt.

_____

_____

_____

_____

_____

_____

_____

_____

Selbstvertrauen

Welche persönlichen Kompetenzen und Fähigkeiten haben Sie? Worin sind Sie besonders gut? Was sind Ihre Stärken? Worauf sind Sie besonders stolz? Hier können Sie auch Abschlüsse und berufliche Fertigkeiten aufzählen. Ob Sie nun sehr gut schwimmen können oder eine besondere

Begabung zur Malerei haben. Zählen Sie alle Fertigkeiten und Tätigkeiten auf, die Sie beherrschen. Auch Ihre bisherigen Erfolge, seien sie beruflich, finanziell oder privat, können hier aufgeschrieben werden. Machen Sie sich bewusst, zu was Sie alles fähig sind und was Sie bisher in Ihrem Leben gemeistert haben.

_____

_____

_____

_____

_____

_____

_____

_____

_____

_____

_____

_____

Soziale Kompetenz

Unter sozialer Kompetenz werden die Fähigkeiten zusammengefasst, mit anderen Menschen in Kontakt zu treten. Setzen Sie sich gerne für andere Menschen ein oder sind Sie besonders empathisch und können sich in die Gefühle von anderen hineinversetzen? Achten Sie auf Ihre Mitmenschen und können Sie gut zuhören? Vielleicht können Sie gut Grenzen setzen oder Sie gehen gerne Kompromisse ein. Zählen Sie alles auf, was Ihnen in Bezug auf zwischenmenschliche Kommunikation einfällt und was auf Sie zutrifft.

_____

_____

_____

_____

_____

_____

_____

_____

_____

_____

_____

_____

_____

_____

_____

Soziales Netz

Hier ist nun die vierte und letzte Säule, das soziale Netz. Das umfasst Ihr näheres, soziales Umfeld. Schreiben Sie alle Menschen auf, die Ihnen nahestehen und die Ihnen viel bedeuten. Sind Sie in einer Partnerschaft? Haben Sie Geschwister? Tanten, Onkel, Cousinen und Cousins und der Freundeskreis gehören ebenso zu Ihrem sozialen Netzwerk wie Ihre Arbeitskollegen.

_____

_____

_____

_____

_____

_____

_____

_____

_____

MEINE WERTE

1. _____
2. _____
3. _____
4. _____
5. _____
6. _____
7. _____
8. _____
9. _____
10. _____
11. _____
12. _____
13. _____
14. _____
15. _____

MEINE STÄRKEN

Auf diese Eigenschaften von mir bin ich stolz:

1.
2.
3.
4.
5.
6.
7.
8.
9.
10.
11.
12.
13.
14.
15.

DAS KLEINE GLÜCK IN MEINEM ALL-TAG

Hier ist Platz für all die Dinge, die Sie zum Lächeln bringen

_____

_____

_____

_____

_____

_____

_____

_____

_____

_____

_____

_____

_____

_____

_____

_____

_____

_____

_____

_____

Ihr Vertrag mit sich selbst

Ich ………………………. schließe im Folgenden mit der wichtigsten Person auf dieser Welt, mir selbst, einen Vertrag. Ich verpflichte mich dazu, das folgende Lebensziel ………………………………………………………….. zu erreichen.

Dieses Ziel erreiche ich bis zum ……………………….

Ich verpflichte mich außerdem dazu, ………. Minuten am Tag mir selbst zu widmen und an meinen Zielen zu arbeiten.

Des Weiteren möchte ich Folgendes in meinem Leben verbessern: ……………………………………………………………

Wenn ich Hilfe brauche, wende ich mich an …………………

Ort, Datum   **Unterschrift**

Schluss: Lieben Sie sich selbst!

Du selbst, genauso wie jeder andere im
ganzen Universum, verdienst deine
Liebe und Zuneigung.
Buddha

Da sind wir auch schon am Ende dieses Buches. Der Weg zu einem achtsamen Leben voller Selbstliebe kann manchmal schwierig erscheinen und uns viel Kraft kosten. Dennoch ist es wichtig, dass Sie Ihren Wert nicht wieder vergessen.

Arbeiten Sie mit dem Buch und lesen Sie es vielleicht noch einmal durch. Und dann noch ein weiteres Mal. Führen Sie sich immer wieder vor Augen, was für ein besonderer und wertvoller Mensch Sie sind. Der Weg, den Sie gewählt haben, ist der richtige, so lange Sie ihn für richtig halten.

Selbstverständlich können Sie dieses Buch lesen und die ein oder andere Inspiration für sich mitnehmen und für gut erklären. Doch solange Sie nicht anfangen, etwas zu tun und die Ideen umzusetzen, wird sich nichts in Ihrem Leben verändern. Wenn Sie sich nun fragen, wo Sie anfangen sollen, dann gibt es eine einfache Antwort: Fangen Sie irgendwo an. Die Hauptsache ist, dass Sie anfangen. Der Rest ergibt sich dann.

Es klingt ein wenig nach „Ich mach mir die Welt, wie sie mir gefällt". Das ist das große Geheimnis. Sie formen mit Ihren Gedanken Ihre eigene Realität. Sie haben es nun in der Hand. Sie allein haben die Verantwortung für Ihr Leben. Sie können entscheiden. Seien die dankbar dafür. Diese Entscheidung kann und darf Ihnen keiner abnehmen.

Danke

Ich bedanke mich herzlich bei Ihnen für Ihr Interesse

an einem meiner Bücher und hoffe, es hat Ihnen Freude bereitet es zu lesen und konnte Sie persönlich weiterbringen.

Ich freue mich über Ihr Feedback

Für mich ist es sehr wichtig, Feedback zu meinem Buch

zu bekommen. Wenn Sie Anregungen oder Verbesserungsvorschläge haben, so schreiben Sie mir doch bitte eine Mail
an: **greatebooks.4u@gmail.com**
bevor Sie eine schlechte Bewertung abgeben. Ich freue
mich sehr über konstruktive Kritik. Da es mich viel Zeit und
Energie gekostet hat, dieses Buch zu erstellen, wäre ich
Ihnen sehr dankbar, wenn Sie mir anstelle einer schlechten
Bewertung Ihre Verbesserungsvorschläge persönlich zu-
kommen lassen. Denn dann hätte ich eine Chance, Ihre Kritik anzunehmen und mein Buch zu verbessern.

Über eine kurze Rückmeldung in Form einer Rezension auf
Amazon würde ich mich ebenfalls sehr freuen. Diese können Sie wie folgt erstellen: Besuchen Sie auf Amazon.de die
Produktseite des Artikels, für den Sie eine Rezension erstellen möchten. Klicken Sie unter Kundenrezensionen auf
„Kundenrezension verfassen". Bewerten Sie den Artikel
und verfassen Ihre Rezension.

Alternativ können Sie diesen Link benutzen, der Sie direkt auf die Seite leitet, auf der bestellte Produkte zu bewerten sind. Der Link ist verschlüsselt und sicher:

https://all-about-amz.com/Bewertung

Über die Autorin

Die Autorin Alexandra Muth beschäftigt sich seit ihrer Ausbildung zur IST-Diplom Sport- und Gesundheitstrainerin mit den Themen „Stressbewältigung, Gesundheit und Psychologie". Ihre Teams und Kollegen/innen lieben ihr einfühlsames Wesen und ihre taktvolle, elegante Art zu führen. Das Motto von Frau Muth ist es, anderen stets auf Augenhöhe zu begegnen und sie dort abzuholen, wo sie gerade stehen. „Schaue auf die Welt und betrachte das Leben und die Menschen wie ein Kind" ist ihre Devise, aufgrund dieser sie im Nu die Sympathie anderer gewinnt. Authentizität, Respekt und Leidenschaft werden in ihrem Wortschatz ganz groß geschrieben.

Aufgrund ihres Fachwissens und ihrer Menschenkenntnis engagiert sie sich gerne für andere und steht Menschen vor allem dabei zur Seite, sich selbst zu verwirklichen.

Bereits als Kind war sie ein sehr offenes Wesen, das schnell neue Kontakte knüpfte und anderen stets half. Frau Muth unternimmt in ihrer Freizeit am liebsten etwas mit Freunden, kocht für ihre Familie und entspannt beim Yoga.

Durch ihre langjährige berufliche Erfahrung als Kurs- und Seminarleiterin konnte sie sich ein umfangreiches Knowhow in den Bereichen Kommunikation und Entwicklungs-psychologie aneignen. Später entschied sie sich für ein berufsbegleitendes Bachelor-Studium der Angewandten Psychologie und studiert derzeit im 7. Semester.

Sie liebt es, ihr umfangreiches Wissen in ihren Büchern mit viel Herz und Hingabe weiter zu geben und andere dabei zu unterstützen, ihre Ziele mit Leichtigkeit zu erreichen.

Weitere Bücher der Autorin

Wenn Sie sich für die Persönlichkeitsentwicklung interessieren, dann lesen Sie weitere Bücher der engagierten Autorin Alexandra Muth.

Alexandras Ratgeber werden Sie darin unterstützen, sich persönlich wie beruflich weiter zu entwickeln und Ihrem inneren Kind zu begegnen.

https://great-books4you.com/alexandra-muth

Über den Verlag
Great Books 4YOU

Wir möchten uns im Namen des gesamten

Great Books 4YOU-Teams persönlich bei Ihnen bedanken für Ihr Interesse an einem unserer Bücher.

Unsere Autoren, engagierte und fachkundige Schriftsteller, verfolgen das Ziel, Ihnen interessante und nützliche Ratgeber zur Verfügung zu stellen. Die Autoren sind alle auf ein bestimmtes Gebiet spezialisiert, um ihr Fachwissen weiter zu geben, damit auch andere Menschen von ihrem Knowhow profitieren! Bei unseren Büchern achten wir stets auf eine hohe Qualität sowie einen angenehmen Lesefluss.

Unser Ziel ist erreicht, wenn Ihnen unsere Bücher persönlich wie auch beruflich weiterhelfen und Sie Spaß beim Lesen haben!

Wenn Sie mehr über uns erfahren möchten oder keinesfalls unsere Gratis-Downloads in Form von Pdf- oder Audio-Dateien verpassen möchten, besuchen Sie uns doch einfach!

https://great-books4you.com

Wir halten Sie auf unserer Webseite auf dem Laufenden über die neuesten Storys der Autoren, Bestseller sowie Geschenke unserer Schriftsteller an ihre Leser/innen & alle Interessierten.

Wir wünschen Ihnen viel Freude beim Lesen.

Alles Gute für Sie und vielleicht bis bald,
Ihr Great Books 4You-Team

Haftungsausschluss

Der Autor übernimmt keinerlei Gewähr für die Aktualität, Korrektheit, Vollständigkeit oder Qualität der be-reitgestellten Informationen und weiteren Informationen. Haftungsansprüche gegen den Autor, welche sich auf Schäden materieller oder ideeller Art beziehen, die durch die Nutzung oder Nichtnutzung der dargebote-nen Informationen bzw. durch die Nutzung fehlerhafter und unvollständiger Informationen verursacht wur-den, sind grundsätzlich ausgeschlossen, sofern seitens des Autors kein nachweislich vorsätzliches oder grob fahrlässiges Verschulden vorliegt. Alle Angaben wurden vom Autor mit größter Sorgfalt und nach bestem Wissen und Gewissen recherchiert oder spiegeln seine eigene Meinung wider. Der Inhalt des Buches passt möglicherweise nicht zu jedem Leser und die Umsetzung erfolgt ausdrücklich auf eigenes Risiko. Es gibt keine Garantie dafür, dass alles genau so, bei jedem Leser, zu genau den gleichen Ergebnissen führt. Der Autor und/oder Herausgeber kann für etwaige Schäden jedweder Art aus keinem Rechtsgrund eine Haftung über-nehmen.

Urheberrecht

Quellenverzeichnis

Asendorpf, J. B. (2007), Psychologie der Persönlichkeit. 4. Auflage, Heidelberg: Springer

Krafft, A. M. (2018), Die Positive Psychologie. In: Positive Psychologie der Hoffnung. Berlin, Heidelberg: Springer

Oettingen, G. (2015), Die Psychologie des Gelingens. München: Pattloch

Potreck-Rose, F., Jacob, G. (2005), Selbstzuwendung, Selbstakzeptanz, Selbstvertrauen. 3. Auflage, Stuttgart: Klett-Cotta

Weck, A. (2019), Krankheitstage: Das sind die häufigsten Ursachen für Fehltage im Jahr 2018. https://t3n.de/news/krankheitstage-das-sind-die-haufigsten-ursachen-fuer-fehltage-2018-1140620/ (17.06.2019)